3万人の実例からわかった

元カレと復縁できる方法

SNS対応版

復縁アドバイザー
浅海

草思社

はじめに

はじめまして、復縁アドバイザーの浅海《あさみ》と申します。

このたびは本書をお手に取ってくださり、ありがとうございました。

私は現在、復縁アドバイザーとして毎日数十件の復縁相談にアドバイスをしています。10年前からはじめたこの相談は、これまでに総数3万件を超え、その中から復縁を実現させた方も数多く生まれました。

また、毎週発行している無料のメールマガジンは読者数も2万人を超え、読者の中からも復縁成功者を多く輩出して参りました。

もともと私は大学卒業後、とある大手企業で営業を担当していました。

そこで得たものは、「ノー」と言う人をどうやって「イエス」に変えるかという方法です。

話も聞かずにノーと言う方も多いです。

そんな人にどうやって話を聞かせるのか、どうやって笑顔にさせて最後にイエスと言ってもらうのか。試行錯誤の連続でした。

そして、ある程度スキルが身についたときに感じたのは、「これは恋愛で活かせるのではないか」ということでした。

恋愛でノーを突きつけられる瞬間というと、振られるときです。

ひとつの恋愛が終わる「ノー」という相手の気持ちを「イエス」に変えていく方法もきっとあると思いました。

そこからコツコツと恋愛相談を請け負いはじめ、10年前からは復縁に特化してご相談を受けてきました。

復縁を担当して感じたのは、**まったくの他人から言われるノーよりも、一度は愛し合った相手からのノーのほうがイエスに変えやすい**ということです。

もともとお互いに大好きだった相手です。

初対面の相手のノーとは違って、その裏にはさまざまな感情があります。

あなたにも気づいてほしいのですが、彼のノーは、「もう嫌い」のノーではありません。

本当はあなたに愛情もありますし、さびしい気持ちや自分への罪悪感もあります。**赤の他人のノーよりももっと愛情深いノーですから、これをイエスに変えていくことはそう難しいことではありません。**


あなたはいま、大好きな彼を失って悲しい気持ちでいっぱいではないでしょうか。

または、忘れられない彼がいて、行動を起こすこともなく、胸の奥でずっと想いがくすぶっていませんか？

そのような方は、ぜひ本書を参考に復縁してください。


数多くのうまくいった例、うまくいかなかった例から見えてきたのですが、復縁を叶える方のプロセスには**共通点**があります。

その共通点こそが、復縁を実現させる方法そのものだと私は考えています。

あなたにも、本書を通してそれをお伝えしていきます。

その方法を使えば、あなたも本当に大好きな彼と、もう一度やり直すことが可能です。

さて、本書の概要についてお話しする前に、ひとつお伝えしたいことがあります。いま、あなたがお手に取ってくださっているこの本は、改訂版になっています。本書はもともと2009年に発刊しましたが、あれから7年が経過しました。この間、連絡手段も多様化してきました。メールからラインになり、ツイッターやフェイスブック、インスタグラムが加わり——こうした連絡手段の変化を踏まえて、いくつか加筆、改訂をいたしました。

これまでのご相談や復縁の報告から得た、**ラインやフェイスブックなどのSNSの活用方法も盛り込んでいます。**いまのあなたの復縁に、すぐ役立つ内容になっています。さらに、当時よりも復縁成功例やノウハウも増えています。ぜひ、この新たな本を参考にし、あなたの復縁を進めていただけるとうれしいかぎりです。

まず、本書の前半部分、第1章と第2章では、私の復縁メソッドを公開しています。ここは、今後あなたが復縁をしていくうえで核となる部分です。彼への対応の仕方、メールの出し方、距離の縮め方……こうしたノウハウがたくさん詰まっています。

そして第3章では、そのノウハウを実行していくうえで、「こんなときはどうすればいい？」というさまざまなパターンにおける対処法を書いています。必要なときが近いうちに来る、絶対に知っておくべきポイントです。

第4章では、実際に復縁された方々の事例から、その方法を詳細にお伝えします。**連絡の取れない彼と復縁するには？　友だち関係にもどってしまった彼ともう一度やり直すには？**　といった、あなたの状況に合わせた具体的な復縁方法を解説していきます。

最後の第5章では、あなたが復縁を成し遂げられるよう、気持ちの部分をフォローしています。じつは、私のメールマガジンでもご相談でも、こうした精神面のフォローが最も喜ばれています。

やはり、復縁は難しい、不安だ、という気持ちが大きいからでしょう。ここを読めばきっと、あなたもご自分に復縁の可能性がまだまだあることに気づくでしょう。

このように、いまでは多くのノウハウをお伝えできるまでになりましたが、ここまで来るには、本当に多くの苦労がありました。

失敗したことも何度もあります。

そのたびに、何が原因だったのか、どうすれば彼女は復縁できたのか、徹底的に研究し、次のケースに活かしていく。

こうした作業のくりかえしの結果、成功率の高いメソッドにたどりつくことができました。

過去3万件の実例から練られた選りすぐりの復縁方法を、今回このような本にすることができて、本当にうれしく思っています。

これで、もっと多くの方に、本当に大好きな彼に心から愛される幸せを味わっていただけることでしょう。

きっと、あなたの長い長いトンネルに光が差し込むことと思います。

あなたにも、彼にもう一度愛されるチャンスはあるのです。あなたはその方法を、いま手にしました。あとはそれを実行し、彼を取り戻すだけです。

あなたの復縁は、もう目の前まで来ています。

復縁というと、周囲に反対されたり、あきらめの悪い自分を自分で嫌いになったり、なかなかいいイメージを持っていない方も多いです。

ただ、長いあいだ復縁の研究を重ねてきた私は、まったく違う見方をしています。

復縁をしたいと思う方は、本当に純粋な心を持っていて、ひとりの男性を深く強く愛することのできる、ステキな方だと思うのです。

どうか、もっと自分に自信を持ってください。

復縁は悪いことではありません。

大好きな彼と付き合いたいと思うことは、非難されるようなことではありません。

「だれがなんと言おうと彼が好き」と思うのであれば、その手で彼を取り戻してください。

あなたにもそれはできます。そのお手伝いをほんの少しできれば幸いです。

新しい恋だけが前向きだとは思いません。**本当に望む相手とお付き合いすることがいちばんの幸せ**だと思います。あなたの復縁を心から応援しています。

元カレと復縁できる方法 SNS対応版 目次

はじめに　3

第1章
復縁の基本、教えます

復縁と恋愛の違い　18
好意を示したほうがいいとき、ダメなとき　23
絶対にやってはいけないこと　27
「押しどき」「引きどき」の見抜きかた　32
親密な関係を取り戻す3つのルール　37
「対等の関係」に持ちこまないと、恋愛は成立しない　42
そんな言葉はいらない　46
別れの原因を徹底究明！　本当の理由を知ろう　52

第2章

私はいまどんな状態？　どうすればいい？

あなたの復縁レベルは？　58
〔レベル1〕
彼から返信をもらうには？　61
身近なところから行動してみよう　69
冷却期間は必要？　73
〔レベル2〕
もっと返信率を上げたいときは？　79
彼に「会いたい」と思わせるには？　85
彼が気になって仕方ない女になる　89
〔レベル3〕
彼があなたに恋をしてしまう方法　94

「あなたと復縁したい！」と思わせるには？　98
新しい彼女から彼を取り戻す方法　103
〔告白の瞬間〕
「告白のタイミング」3つのポイント　109
告白して「ノー」と言われたら？　112

第3章 こんなときどうする？　困ったときの対処法

彼の誕生日はチャンス？　118
彼が他の女性を好きになってしまったら？　123
「都合のいい関係」から本命になる方法　129
着信拒否をされても復活できる方法　135
誘いをかわされてしまったときは？　140

第4章

3万人の事例からわかった成功法則

年齢差のあるカップルの復縁方法　148

自分から振った場合の復縁方法　156

揺れる彼を射止めるには？　161

すっかり友だちの彼がもう一度あなたに恋をするには？　169

割り切ってしまった彼の気持ちを引き戻すには？　175

共通の友人を使うと復縁は簡単？　182

気まずい関係になっている相手との復縁方法　197

第5章

復縁はあなたにもできる!

「依存しすぎ」が原因で別れたあなたへ 204
やっぱりムリかも……と思っているあなたへ 212
彼に「魅力的になった」と思ってもらうために 218
2つのことができれば、復縁は成功する 222
振り出しにもどってしまったら? 227

おわりに――楽しんで復縁しよう! 233

第１章

復縁の基本、教えます

復縁と恋愛の違い

「未練はない」と示すことが最初のルール

あなたは復縁しようと思ったときに、どのような流れをイメージしていますか？　彼とお付き合いをはじめたころのような状況をつくれば、復縁もできると思っているかもしれませんね。

一生懸命恋愛本を読んだり、あのころのドキドキをつくりだそうとしてみたり。たしかに相手に好意を持ってもらうという意味では、復縁も普通の恋愛と変わりません。

人が人を好きになる条件というか、原因というか、そのようなものには同じような事柄も多くあるでしょう。

しかし、復縁と普通の恋愛には決定的な違いがあります。

それは「好意を表さないほうがいい場合もある」という点です。

復縁の基本姿勢として大事なのは、**「未練のない素振り」「復縁する気はない様子」**、この二本柱です。

ここは注意してくださいね。

普通の恋愛であれば、早い段階であなたの好意がわかれば、彼も好意的に見てくれ、どんどんあなたのことを好きになってくれます。

また、会う頻度が高いと好きになっていく、親しげにされると好意を持ってしまうなど、積極的に動くことでふたりが親密になっていく可能性が高いでしょう。

しかし、復縁でこれをしてしまうとうまくいきません。

なぜかというと、別れを経ているため、彼も警戒しています。理由はさまざまですが、いずれにせよ一度いやになって別れている状況です。

ここでまだ好きだという思いを表明してしまうと、

「でもオレは好きじゃない」

「オレはもうキミに興味がないんだよ」

という感情が働き、彼はなんとかあなたを遠ざけようとしてしまうでしょう。

これは必ずしもいつも当てはまるとはかぎりませんが、多くの場合はそうです。

「変に気を持たせるのは可哀想」と、優しさから距離を置こうとしたり、もしくは「勘違いされると面倒だ」という思いから避けようとしたりということもあるでしょう。

あなたが好意を持っているかぎり、彼はあなたを受け入れてくれない可能性があるのです。

ですから、**一度彼への思いはなくなった素振りで、友だちとして接していったほうが、彼も前向きに対応してくれるでしょう。**

そのため、恋愛で常道とされる「好意の表明」はしないほうがいいのです。愛されていたという実績から、ついつい彼に迫ってしまってうまくいかなくなる人が多いので、気をつけてくださいね。

「心配させて気を引く」のは絶対にNG

また、なかには心配をかけて気を引こうとする人もいますが、それは逆効果です。彼も鬼ではないので、あなたを心配する気持ちは当然あります。

たとえば過去にご相談を受けたケースで、「だれかにつけられてる。どうしよう?」

とか「痴漢に遭った」「体調を崩した」など、気弱になってつい彼に連絡してしまったという例があります。

その連絡を受けてすぐは彼も「大丈夫？」という反応を返してくれるでしょう。彼もそのときは本当にドキッとして心配したことと思います。

しかし落ち着くと、そのようにドキッとさせたり、心配をかけたあなたに対して腹が立ってきます。

別れてなお、自分の穏やかな精神状態をかき乱し、驚かせたあなたに対して「面倒なことをしてくれた」と、怒りの矛先を向けてしまうのです。

よくありますよね。物陰から「ワッ！」と驚かせたときに、相手は最初「キャー！」と驚きますが、その後「何するのよ！」と怒ったり。

そんな状況をイメージしてください。

普通の恋愛においては、このように心配をかけることはプラスになることもあるでしょう。ドキドキと心配をし、そのことで恋心を実感するというわけです。

しかし、復縁の際には逆効果になるので、覚えておいてくださいね。

このように、**恋愛においては効果的なことでも、復縁の際には逆効果になる**ことはいろいろあります。一概に恋愛のハウツー本がダメというのではなく、その背景をよく考えることが大切でしょう。


なぜ、その行動を取るのか？

そうすることによって、相手はどう思うのか？

これから本書を読み進めていくうえでも、どうかそこを考えることを大切にしてみてください。

すぐに具体例にばかり飛びつくのではなく、その行動の意味と効果を考えながら動いていけば、きっとあなたも復縁できるはずです！

好意を示したほうがいいとき、ダメなとき

「ここぞ」というときには好意を示す

前項では、「好意を表さないほうがいい場合もある」とお伝えしました。

復縁では、好意を相手に知られることで、距離を置かれるという危険性があります。

なるべくフラットな態度で接することが大切です。

おそらく前項をご覧になりあなたは「なるべく未練のないように」「友だちとして接しよう」「割り切ったフリをしよう」とお考えでしょう。

しかしこの好意を見せるのか見せないのかについては、少し補足させてください。

じつは、ここぞというときには好意を示すことも重要なのです。

ですから、一概に好意を見せないと決めつけるのではなく、「好意を見せる、見せない」の境目についても、あわせて知っておいてください。

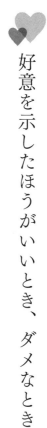

ではどんなときに好意を見せて、どんなときは見せないほうがいいのでしょうか。

好意を見せないほうがいいケース

❶彼が距離を置こうとしている段階

メールやラインの返信も来たり来なかったり、返信も簡素なもので、明らかに彼が距離を置こうとしている場合は、好意を見せると逆効果になります。

❷都合のいい扱いを受けている場合（体だけの関係になっているケースなど）

この場合は、まったく興味のないフリをしてしまうとよくないのですが、かといってこちらから積極的に好意を見せてしまうと、彼はますます調子に乗ってしまいます。あなたからの好意を感じることで、**彼は安心してしまい、「少々のことでは離れないだろう」と、あなたを適当に扱う可能性が高いです。**

❸彼も割り切ろうと必死なとき

別れた直後、とくに彼から別れを告げられた場合はこのケースが多いです。彼もスパッと割り切ることは難しいと思いつつ、自分から切り出したのだから一線を引こう、と思っています。この状態であなたから好意を見せて近づくと、彼は自分の意思を妨げられると感じて、かたくなに距離を取るようになってしまいます。

とくに２のケースでは、「好き」と言いつづければチャンスがあるのではないか、と思ってしまいがちです。しかし、実際は逆に適当に扱われてあなたの価値が下がってしまうことが多いので注意してくださいね。

好意を見せたほうがいいケース

❶距離が近づいてきていると感じる段階

あなたの努力で、徐々に彼との距離が縮まってきているとき。彼もあなたに興味を持って少しずつ心を開いてくれている段階。このような状況で好意のない素振りをしてしまうと、彼は勇気が持てず、それ以上近づこうとしなくなります。好意の〝チラ見せ〟で、彼の興味を引いたほうがいいと思います。

❷あなたから振った場合

あなたから振って、彼も嫌悪感を持っていないケースでは、一度失ってしまった信用を取り戻す意味でも、積極的に好意を見せたほうがいいです。彼はあなたの愛情に対して疑心暗鬼ですから、「好き」という言葉や褒め言葉よりも、**スキンシップを増やしたり、さりげなく食事を取り分けたりと、行動で愛情を感じるように気遣ったほうが信頼回復も早い**と思います。もともと彼はあなたのことを嫌いになったわけではないので、あなたの愛情が感じられれば、少しずつ心を開いてくれます。

❸明らかに好意がバレているのに、彼が嫌がっていない場合

どう考えても、あなたの好意はバレバレなのに、彼が距離を置こうとしない、むしろより親しげにしてくるといった状態はGOサインだと思います。

このように、好意はただ隠せばいいというものでもありませんし、好きだという気持ちを押しつけるだけでもよくありません。

あなたはどちらでしょうか？

いま挙げたポイントを基準にして、今後の動きを考えてみてくださいね。

絶対にやってはいけないこと

うまくいく人、そうでない人の分岐点

さて、では実際に復縁の事例を見ながらご説明します。
まず知っておいていただきたいのは、**復縁にはタブーがある**ということです。
タブーを犯してしまったケースとうまくかわしたケースとでは、結果が大きく分かれます。今回は、別れ際はいい雰囲気だったのに、その後取った行動で明暗が分かれてしまったケースをご紹介します。

以前担当したケースですが、似たような状態で復縁を考えているふたりがいました。仮に田中さん、林さんとしますが、当時、田中さんは26歳、林さんは24歳の女性でした。

ふたりとも別れ際に大きなけんかもなく、比較的穏やかに別れ、別れた後も彼と

はときどきコンタクトが取れる関係でした。

田中さんは連絡が取れるとはいえ、なるべく彼をそっとしておこうと距離を置いていました。1カ月に1回メールを送ってお互いに近況報告をする程度でした。

林さんは、彼が避けないので気楽にメールを送りつづけました。1日に何通も送ることもありました。

ふたりとも彼からの返信は多いほうで、こちらから連絡すれば対応をしてくれるという状態でした。

田中さんの彼は忙しそうで、いつも返信は深夜になっていました。林さんの彼は比較的ヒマそうで、遊びに行って帰宅が遅くなることも多かったようです。

このふたりの状況は、最初こそ同じようなものでしたが、徐々に変化が現れはじめました。

まず、**よく連絡を取る林さんは、彼が優しいことから、いつも冗談まじりに「やり直そうよ〜」と言っていました。**逆に、田中さんは彼ががんばっている様子を見て、自分もがんばろうとヨガをはじめたり、資格取得に向けて勉強をしていました。

そのぶん忙しいので彼に連絡をする時間もなく、たまに連絡をするときにもお互いにがんばっている話などで盛り上がっていました。
ある日、林さんから私のもとへ鬼のようにメールが届きました。
私がメールチェックをしなかった2時間の間に15通です！　なにごとかと思って
あわてて見ると「彼からもう連絡を取りたくないと言われた！」という内容でした。
完全にパニックになっているようで、その後も同じような内容のメールがどんど
ん届くのです。
林さんのメールに埋もれて、田中さんからもメールが1通届いていました。
内容は「彼から、今度友だちをまじえて飲みにでも行こうと誘われました」とい
うものでした。

復縁をさまたげる3つのタブー

ここがおふたりの分岐点でした。
もっと言うなら、別れた直後の対応から、ふたりの道は別だったのです。
あなたは何がポイントかおわかりでしょうか？
まず、おふたりの「別れ」の捉え方の違い。それから、彼への対応の仕方の違い。
自分の心構えの違い。

大まかにこの3つがまったく正反対でした。

●「別れ」の捉え方の違い

田中さんは別れを受け止め、彼が落ち着くまで自分のことに専念していました。一方、林さんは、彼の対応がよかったことから、お付き合いの延長線上のような恋人気分で彼に接していました。

●彼への対応の仕方の違い

ふたりとも彼に未練はありました。しかし田中さんは未練を見せることで、忙しい彼の負担になると思いました。林さんは、好きと言いつづければ彼がもどってくると思っていました。

●自分の心構えの違い

田中さんは別れてから、お付き合いについて反省をしました。彼にワガママを言ったこと、彼中心の生活が彼には重かったこと。それらをまずは改善してから復縁を考えようとしていました。

林さんは、別れは一時的なもので、明るく接していれば彼もいずれはもどってくるだろうと考えていました。ですから、彼に何度もさりげなく復縁を迫っていました。

この違いから、復縁のタブーが見えてきます。

復縁をするのであれば、**何よりも彼に対して未練がましい態度を取らないこと。**

別れは別れとして受け止め、ふたりの関係が変わったことを認めましょう。

決してお付き合いの延長線上に復縁があると考えてはなりません。

まずは、彼にあなたの新しい魅力を知ってもらうという心構えのほうが、彼も新鮮な気持ちであなたに興味を持つようになります。

覚えておいてくださいね。復縁のタブーは3つ。

- お付き合いの延長気分でいること
- 彼に復縁を迫ること
- 未練がましくすること

これさえ避けられれば、彼との関係もスムーズに進みます。

「押しどき」「引きどき」の見抜きかた

相手の「サイン」、わかっていますか？

ここは必見です。

復縁をしていくうえで知っておいていただきたいコツをお教えします。

いろいろな方法であなたは彼と連絡を取っていると思うのですが、押すとき、引くとき、それぞれにタイミングがあります。


このタイミングを間違えてしまうと「どうにもうまくいかない……」という状態になってしまいます。

子どもの遊びに「はないちもんめ」というのがありますよね。一方が寄っていくと一方が引いていくという遊びです。

あのような感じで、**相手が寄って来ているのに引いてしまい、反対に、相手が引**

いているときに押してしまうという人がよくいます。

ですから、押すべきタイミング、引くべきタイミングについてお伝えしておきます。

こんなときは押してみよう

これまでどんなに連絡が少なかったとしても、あるとき、彼のほうからメールやラインが来たり、これまでと内容や雰囲気が変わったりしているときは、押すタイミングです。

たとえば、これまではあなたの話題にイエス・ノーの返事のみだった彼が、**急に自分の話を返事に入れてきたとき**。これまで短い文章だったのに、**しっかり長文で返事をくれたとき**など。

こういった「ちょっと前進したぞ」と思えるときは、遠慮せず思い切ってこちらも距離を縮めてみるタイミングと言えます。

以下に少しまとめますね。

●返信が早くなった

●これまでメールやラインのやりとりだったのに電話をくれた
●返信にこちらの話の返事だけでなく、自分の話も入ってきた
●返信に冗談が入ったり、スタンプや絵文字が増えた
●彼のほうからメールやラインをくれた、電話をくれた
●会う話にＯＫしてくれた
●彼が自分の悩みやグチなど弱い部分を見せた
●あなたへの質問が増えた

などなど。彼があなたに関心を持ちはじめたときは、こちらもグイッと寄っていって大丈夫です！

こんなときは引いてみよう

逆に、これまでよりも連絡の間隔があいていったり、明らかに彼が冷たくなってしまった場合は、**躍起になって改善しようとするよりも一歩引いてみたほうがいい**でしょう。

●メールの返信が来ない。ラインが「既読」になったまま返信がない（返信が遅いだけなら、彼の都合もあるので一概には当てはまりません）
●電話に出てくれなくなった
●文章が明らかに適当になった、短くなった
●会う話にＯＫしていたのに、その後連絡が取れなくなった
●プライベートな質問には一切答えてくれなくなった
●偶然会っても気づかないフリをするようになった
●質問しても返事をくれなくなった

などの場合、彼は距離を置きたいと思っています。

無理にどうにかしようとせず、様子を見たほうがいいでしょう。

目安としては、**これまでのやりとりの間隔の2倍くらい間をあけてみてください。**

たとえば、メールの場合、１週間に１度やりとりをしていたのであれば、２週間待ってみるなど。

ラインやメッセージの場合は、つい気楽に連絡を取ってしまっている方も多いと思います。毎日送ってしまっているのなら、２日に１回程度にしましょう。その際

も、やりとりを意味なくだらだら長引かせるようなことはせず、楽しいメッセージを送ってサクッと切り上げましょう。短めの簡潔な文章にするのもポイントです。

こういうときにあせってしつこく連絡してしまうと、彼はどんどん引いていきます。一度そうなってしまうと、関係を立て直すのが少し大変になります。

くれぐれも、ここで押そうとしないこと。

あたりまえのこと、と言ってしまえばそれまでかもしれませんが、冷静な判断がなかなかできないという方も多いです。

基準があれば、あなたも取り組みやすいと思います。

これらの復縁のコツをつかんで、あなたもタイミングよく彼にアプローチしていきましょう。

押す勇気も大切ですし、一歩下がる覚悟も大切です。

ここで潔い決断をして、あなたもどんどん復縁を進めてくださいね！

親密な関係を取り戻す3つのルール

笑顔で「そのままの言葉」を返す

あなたが彼との復縁を考えたときに、メールやラインでも電話でも、直接会ってでもいいのですが、とにかくなんらかのコミュニケーションを取っていく必要がありますよね。

そのとき、いかに印象をよくし、彼に「ステキになった！」と思わせるのか。

ここはとても重要です。

そこで、うまくコミュニケーションを取るためのコツをいくつかお教えします。

きっとあなたもスムーズに彼と会話が弾むでしょう。

1・絶対に口にしないタブーを決めておく

別れの原因は、タブーを口にしてしまったからという方がよくいらっしゃいます。

彼がいちばん言われたくないであろうことを、けんかの際に口走ってしまった、彼が最も気にしている部分を非難してしまった、など。

これをくりかえさないためにも**「これだけは話題にしないでおこう」ということをあらかじめ決めておきます。**

2・「でも」は禁止

相手の話に同調するのはとても大切なことです。

自分が何かを言ったときに「そうそう、それわかるよ！　私も一緒（笑）」と言われれば気分が高揚してきませんか？　あなたも自分が理解されることを望んでいると思うのです。

ですから、彼が何か言った際には「でも」と返さないこと。とくに女性はすぐ、「でも」と言いたくなるようです。つい口から「でも」が出てしまう方にはよい方法をお教えします。

「オウム返し」という話法です。これは会話術の本などでも取り上げられることがよくあるので、ご存じの方もいらっしゃるのではないでしょうか。相手の言ったことをそのまま返す方法です。**たとえば彼が「あの映画はクライマックスが最高に面**

白かった!」と言ったなら「へえ、クライマックスが面白かったんだ!」とそのまま返します。すると、相手はわかってもらえたと思い、ますます気分よく話を進めるという流れになります。**同じ言葉を返すだけです。**簡単でしょう?

口癖のように「でも」と言ってしまう方は、オウム返しを意識すると改善できます。

3・声を出して笑う

以前、ある方と話をしていて改めて気になったのですが、相手の人が笑ってくれないと、話をしていてもあまり楽しくないですよね。無表情で会話をされると、とてもつまらないです。よくよく考えると、私も疲れた顔をしていたなぁと思いました。相手の表情は自分の鏡でもあるのです。

もしあなたが彼との会話が盛り上がらないと考えているなら、あなた自身が暗い表情をしているのかもしれません。

そこで大切になってくるのが、笑うということ。

いちばんいいのは、心から楽しそうに「アッハッハ」と笑うことです。

当然面白くないことに心から笑うことはできませんが、少し面白いことであれば少々大げさでもいいので、楽しそうに笑ってみる。すると、不思議と本当に楽しい気分になります。会話をしている彼も、楽しそうなあなたにつられて、だんだん楽しい気分になってくるでしょう。

また、彼と挨拶をする際に、笑顔で挨拶をするのと、目も合わせず小さな声でボソッと挨拶して通り過ぎるのとでは、印象がまったく違います。笑顔には人をホッとさせる効果があります。

彼と会話をすると、どうにもギクシャクするという方は、思い切って自分から「アッハッハ」と笑ってみるといいでしょう。それだけでも、随分空気が軽くなると思います。

コミュニケーションは難しく考えずとも、**「ふんふん」とうなずきながら楽しそうにしていれば、自然と円滑に進みます。**

逆に、あれこれ策を練って普段と違うことをしようとすると、かえってうまくいかないものです。

復縁を考えていると、どうしてもうまく気に入られなくては……というプレッシャーから、普段の自分を出せないという方もいらっしゃいます。

しかし、うまくいかないと考えているると、よけいに緊張して身構えてしまい、うまくいかなくなるものです。

ですから、今回お伝えした３つの点だけを心がけて、「あとはなるようになる！」と楽しく会話をすることに集中したほうがいいです。

きっと彼の目には、以前のあなたとは見違えるように生き生きとしてうつることでしょう。

「対等の関係」に持ちこまないと、恋愛は成立しない

遠慮がじわじわと距離をつくる

「惚れた弱み」「惚れたほうが負け」などという言葉をよく耳にします。

とくに復縁となると、なんとか彼にもう一度振り向いてほしいがために、一生懸命気を使っている方もいるでしょう。

たとえば会いたいと思い、彼の都合を聞いてみる。彼にとってはたまたま都合が悪いときで、残念ながらその旨の返信が来る。その際、

「忙しいのにムリを言ってごめん。たいした用事じゃないから気にしないで。仕事がんばってね」

と、とてももののわかりのいい返事をしてしまう。

しかし、**このような態度こそが雰囲気を悪くしていると気づいていますか？**

じつは、こんなふうに遠慮をしてしまうと、相手はよけいに心苦しくなるのです。

彼はあなたと会いたくないから誘いを断ったのではなく、たんにスケジュールが合わなかっただけかもしれません。

それなのにあなたに謝られてしまうと、彼は断ったことをとても申し訳なく思うでしょう。

その重苦しい気分があなたへの気持ちにうつり、あなたとコンタクトを取ること自体気が重くなってしまいます。

それならば、気軽に「そうか、残念だね。また都合のいいときに！」と明るく伝えたほうが、彼も気が楽です。

気を使うこと自体はとてもいいことなのですが、度が過ぎると逆効果になります。度が過ぎるというよりも、下手《したて》に出過ぎるという表現のほうが適当かもしれません。**相手に尽くし過ぎても、放ったらかしにし過ぎても、恋愛は長続きしません。**

復縁においても同じようなことが言えるのですが、別れた時点であなたが下、彼が上、という関係ができてしまうと、やはりうまくいかないのです。

ですから、復縁をスムーズに進めたいのであれば、彼と対等に振る舞うことがいちばんです。

メッセージに「ごめん」と書いてませんか?

対等というのは、べつに「彼から連絡がないかぎり、私も連絡しない」「彼から話しかけられないから、私も話しかけない」など、相手と同じことをするという意味ではありませんよ。

それでは前に進まなくなります。

大切なことは、**必要以上に低姿勢にならない**ことです。

たとえば、話しかけるときでも最初の一言目はあなたから声をかけるとして、その後の対応については彼に合わせるほうがよいでしょう。もし彼が不機嫌だったとしても謝る必要はなく、こちらも挨拶だけで去るようにすればいいです。

また、**別れてから彼に対して「ごめんね」を言うことが多くなった、と感じる方は要注意**です。

必要以上に謝罪を連発しているかもしれません。

いますぐ彼への文面をもう一度見直してみてください。そして、謝罪が多いようであれば、「ありがとう」に変えましょう。

あなたと彼はあくまでも対等です。

彼を心地よくさせることは大切ですが、度が過ぎると、かえって心地悪くなることもあります。

大丈夫です、少々のことでは彼はあなたのことを大嫌いにはなりません。もっと堂々と接してください。

そんな言葉はいらない

「この人はわかってくれる」と思ってもらう

あなたは大切な彼と別れたときに、とても反省したことでしょう。

こうすればよかった、あのときこう言えばよかった……。反省し、次からは彼を理解しようと思っているでしょう。

しかし、いまは彼とあなたとの間に、心の壁ができてしまった状態です。

それを取り払うには、彼があなたに心を開いてくれることが肝心です。

もう一度、あのころのように、あなたに気軽に話をしてくれることが大切です。


その心の壁を取り除くために大切なことは、「彼を認めること」。彼を認めるために大切なことは、褒めてあげたり、彼の意見を尊重したり、話に対して同調してあげることです。

だれでも自分が認められている、という安心感があれば自然と心を開くものです。

そこで、ここで取り上げるのは、復縁のかなめともいえる「同調」についてです。

勘違いしていただきたくないので、少し詳しく説明させてください。

一般的に同調というと、あなたはどんな状況を思い浮かべますか？

「相手の話を『そうそう』と聞いてあげる」

「『それはよくわかる』と相手の気持ちを理解していることを伝える」

このようなことを思い浮かべた方は、たしかに正解です。

ただ、あなたが同調だと思っている言動は、悩みなどを打ち明けている相手に対しては、〝惜しい〟同調になってしまっている可能性があります。

たとえば**「それはよくわかる」と言った後に「私もね……」と自分の話をするケース**。

さらには、自分の話からそのまま教訓じみたものに発展してしまったり、自分の悩み相談になってしまったり。

あるいは、同調しているのに、彼はあまりうれしそうではないなど。

なぜ、そんなことになるのでしょうか？

それは、あなたが彼のもとめる同調をしていないからです。

悩んでいることや失敗をしたという話をしている彼は、単純に「自分がこう思っている」ということをわかってほしいだけなのです。

励ましもアドバイスも必要ありません。

あなたは共感して「よくわかるよ」という気持ちを見せるだけでいいのです。

そして、彼の話を聞いてあげるために、彼が話しやすい質問を振る。

それだけでOKです。

たとえば、彼が仕事でミスをしたというメールを送ってきたときに同調をするとしたら、こんな返事がいいでしょう。

「そうなんだ、ショックだったね。怒られちゃったの？」

「それは落ち込んであたりまえだよ。大丈夫？」

悩みを聞いても、「がんばれ」は言わない

逆に〝惜しい〟同調と思うのは、

「そうなんだ、私もこの前同じようなミスをしたよ。これこれこうで……」

「それは落ち込むね。そういうときはこうしてこうするといいよ」

「そっかー、大変だったね！　でもまだ先もあるからがんばって！」

などです。

なぜ惜しいのかというと、彼は自分の話をしたいだけで、人の話はどうでもいいのです。自分の話を理解してほしいのです。よけいなアドバイスもいらないのです。

また、落ち込んでいる彼に「がんばれ」という応援をしても「わかってくれない」と思われるか、適当に話を合わせられるだけです。

とくに、**元カレにアドバイスなんてしないに越したことはありません。**

男性はプライドを重んじますし、頼んでもいないお節介はとても嫌う傾向があります。


それよりも、上手な同調をして、**さらに話しやすいような質問を投げかけたほうがいい**でしょう。

そのほうが彼も「わかってくれてる」と思い、話も深まります。

こちらとしてはよかれと思ってしたことが、彼にとってはいいことではない、という状況はとても寂しいですよね。

できれば、彼が喜んでくれるような対応をしたいものです。

彼の意思に沿った言葉をかける

同様に、励ましていいかどうかも彼との関係によって左右されます。

普通であれば「あなたなら大丈夫よ」と言ってあげたいところですが、関係がこじれている状況では、

「何が大丈夫なんだよ？」

「わかりもしないで適当なことを言わないでくれ」

と否定的に取られてしまいます。

それよりは「やれそう？」「できそう？」と聞いてみて、彼がイエスと答えたときにはじめて「そっか、じゃ無理しないで。でもあなたならできると思うよ」と言ってあげたほうが、彼にストンと伝わります。

このように、**状況に応じて彼の気持ちを考え、的確な返事ができると、彼もあなたに心を開いていくでしょう。**

状況を考えず、通りいっぺんの受け答えをしていると、

「そんな言葉はいらない」

と思われてしまいます。

つい彼にあれこれ言ってしまいがちな方は、少し気にしてみるといいと思いますよ。

別れの原因を徹底究明！　本当の理由を知ろう

原因がわかれば、復縁までの道筋は決まる

別れの原因をしっかり把握しておくことは、復縁にとっていちばん大切な、最初のステップになります。

あなたの別れの原因は何ですか？

ここではあなたが原因の究明をする際に、間違えやすいものを書いておきます。

勘違いしたまま動くと、復縁が近づかないどころか遠のいてしまいます。

見たくない現実を見つめなくてはならない作業ですが、ぜひ目を逸《そ》らすことなくよくよく考えてくださいね。

1・振った？　振られた？

まず、第一段階でよく間違えるのがここです。

自分から振ったのか、相手に振られたのか。

わかりますか？

よく「私から振ったんですが……」とご相談を受けることがあるのですが、自分から振って復縁できないと悩んでいる方は、おそらくその後彼に復縁を申し出て振られていると思います。

でなければ、そんなに悩まないでしょう。それでも、自分が振られたということを認めたくない方がいるので、ここはあきらめて、振られたことを認めてくださいね。

自分から振って、相手に復縁を申し出てノーだったのであれば、振られたことになります。と考えると、ほとんどの方は「振られた」に属すると思います。

2・浮気？　飽きられた？

次に勘違いが多いのが、彼の浮気や目移りで別れに至ったというケースです。

ここでの勘違いは、「他に目移りする彼が悪い」という考え方です。

ただこう思っているだけでは復縁は前に進みません。

なぜなら、彼に悪いところを改善してもらって復縁もする、という2つのことを追うことになるからです。相手に多くを要求していては、うまくいきません。できれば目標は「復縁する」ことに絞ったほうがいいです。

となると、たしかに彼に非はあるかもしれませんが、それを責めてばかりいてもはじまりません。そもそも、何もないのにフワフワと他の女性に走る男性とは、正直あなたも復縁したいと思いませんよね。

彼にかぎって、ありえない！　そんな気持ちが強いからこそ復縁を考えているのだと思います。

そして、ここがいちばん大切なのですが、**彼が他に目移りするということは、必ず根底にあなたへの不満があるはずです。**

この部分から目を逸らさないでください。

何らかの原因があって、いまの状態があります。

このケースで多いのは、「安心し過ぎて彼の前で気を使わなくなった」「慣れてしまい、彼が（仕事などの）二の次になってしまった」などです。

お互いのトキメキが薄れ、彼が刺激的なほうへ流れてしまったという状況。心当たりはありませんか。彼が悪いと決めつけず、ここは慎重にご自分の反省点を見つけてくださいね。

３・別れは避けられなかった？　避けられた？

彼が目移りをしたというケースとは別に、第三者が原因で別れに至ったケースもあります。

たとえば、彼のご両親がお付き合いに反対して、彼が徐々に別れる方向に流れてしまった、遠距離恋愛になって気持ちが離れてしまったなど。

こうなると、原因云々以前に別れざるを得ない状況のように感じてしまいます。

たしかに、私もこれまでにこうしたケースを扱ってきて、正直、難しいと感じています。なぜなら、本人同士の間では解決できないことも多いからです。

とくにご両親の反対となると、将来結婚もままならない、付き合っている意味がない……そんな気持ちになってしまいますよね。遠距離恋愛にしても、距離があるからどうしようもないと思ってしまいがちです。

しかしそう考えてしまうと、あなたにはもう道がないのです。

もし彼との復縁を考えるのであれば、物理的な原因だけでなく、もっと深い部分を考えてみてください。

世の中には、同じような境遇から晴れて結ばれたカップルはたくさんいます。

私がご相談を受けたケースでも、こうした困難がありながら復縁をしたカップルはたくさんいました。ということは、外的要因や物理的な原因だけのせいにしていてもはじまらないということです。

もし可能性を見出したいと思うのであれば、**別れは必然だったのではなく、避けることもできた、そう考えてみてください。**

彼がもっと自分のことを思っていてくれたなら、離れられないくらいに大切に思ってくれていたなら、そう考えたとき、あなたには「もっとこうすればよかったな」という点はありませんか?

それが別れの原因です。

それを打開すること。そして、今度は彼が障害を乗り越えようと思えるほどの女性になること。そうすれば復縁は可能です。

このように深く掘り下げていくと、自分では気づかなかった原因が見えてきます。**まずは原因を探り、改善していくこと。**これが復縁の大切な基本です。

第２章

私はいまどんな状態？
どうすればいい？

あなたの復縁レベルは？

関係のレベルに合わせたアプローチ

では、いよいよ具体的に復縁方法について書いていこうと思います。

そこで、本書ではレベル別に対処法を盛り込んでいきます。

復縁には3段階あります。

1段階目は連絡をスムーズに取れるようになること。

別れた後に連絡が取れなくなった、彼からの返信が少なくなった、というお声は多いです。ですから、この部分を改善して、まずは連絡が取れるようになる方向へ持っていきます。

2段階目はもっと連絡の頻度を上げていくことです。忘れたころにポツンと届くようなメッセージのやりとりをしていても、彼はあなたのことを意識してくれませんよね。ですから、連絡の頻度を上げていき、彼にあなたを意識付けていきます。

そして、**3段階目は彼に恋をしてもらうこと**。ここが最もキーポイントになります。どんなにあなたのことを大切に思っていても、そこに恋愛感情がなければ、ただのお友だちで終わってしまいます。


本書ではこのように3段階に分けて考えていきます。

スタート地点は人によって違うと思います。

たとえば、彼とは友だち付き合いをしていて、あとは自分に恋をしてもらうだけ、という状況の方であれば、3段階目から進んでください。

逆に、返信もないのにいきなり3段階目の方法を実行しようとしてもうまくいきません。

ですから、ここではこの段階ごとにレベル付けをしました。

あなたのレベルはいくつなのか？

そして、どこから復縁をはじめればいいのか？

この分析からはじめてみてください。

チェックしてみよう

あなたはどのレベル？

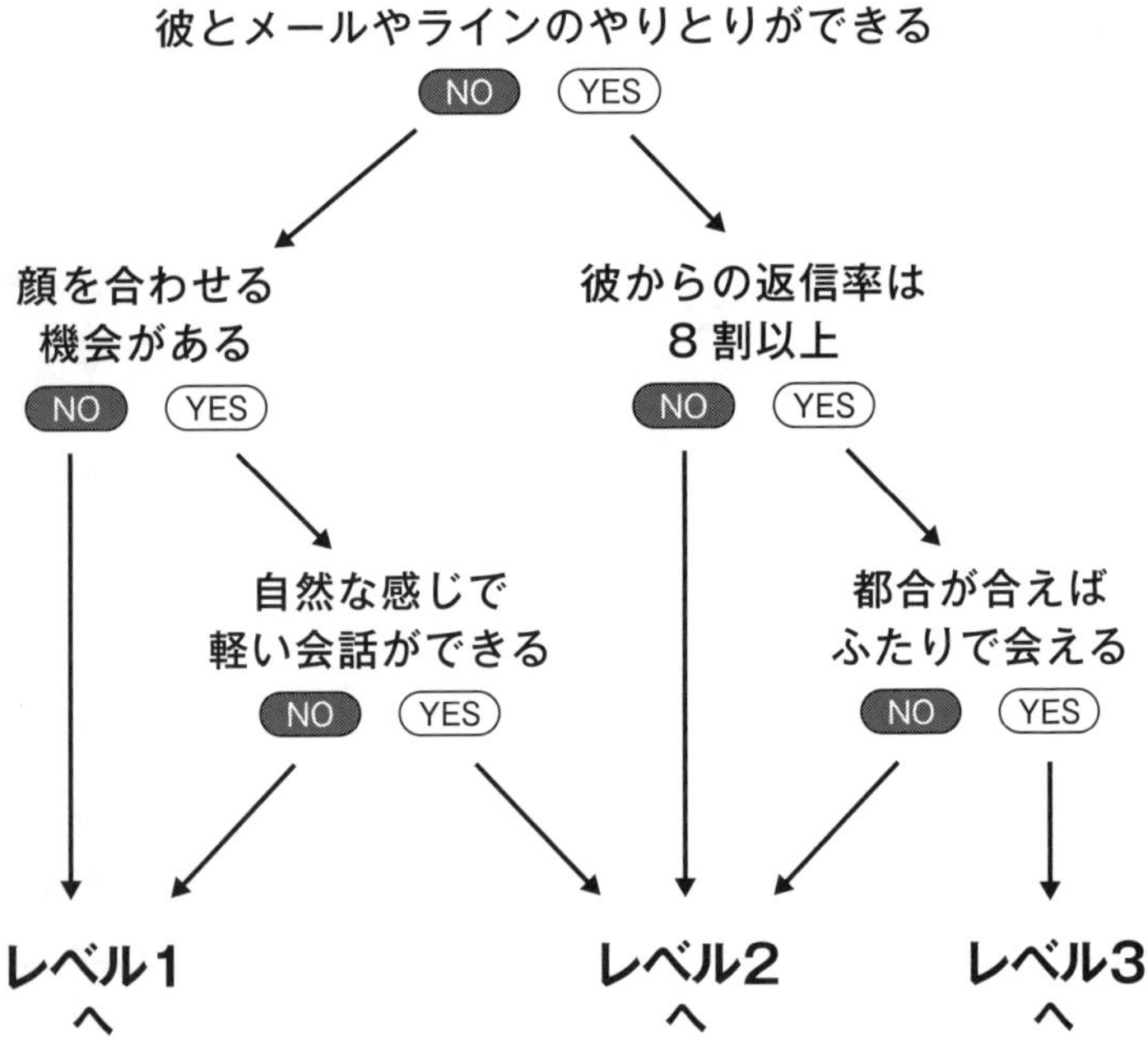

レベル①　彼から返信をもらうには？

彼が返信しやすいメッセージのポイント

このレベルの方は、おそらく彼からまったく返信がない、もしくは返信があったりなかったり、という状態だと思います。彼と顔を合わせる機会のある方は次の項を見てくださいね。

ここでは、彼にお会いする機会もなく、連絡手段はメールやライン、または電話。しかしそれに対して反応がない、というケースでの対処法をお教えします。

まず、復縁をしようと思ったときに、メールやラインの存在はとても大切だと思います。電話ほど拘束されないので気楽にやりとりができますよね。

しかし、**気楽さゆえにポンポンとメッセージを送っていませんか？**

相手から返信のない状態で一方的に送ってしまうと、彼はどんどん面倒になってしまいます。
この点はいちばん注意してください。
では、以下に返信の来ないメッセージのポイントを挙げます。

●長々と文章を書いていませんか?
●彼を責めるような内容は含まれていませんか?
●反省や謝罪を述べていませんか?
●返事のしづらい内容ではありませんか?(質問の意図がわからない、悩み相談をしているなど)
●とくに返信の必要性を感じない内容になっていませんか?(あなたの近況報告のみや、日記のように日々を綴っただけの内容になっているなど)
●返事の催促をしていませんか?
●返信する間隔が短くありませんか?
●彼のことをあれこれ詮索するような内容になっていませんか?

これらに該当する方は多いのではないでしょうか。

ラインで「既読」がついたまま返事がない場合は、**自分の送ったメッセージを見なおしてみたほうがよい**です。返信が必要なものでなければ、相手もふーんと見て終わりにした可能性もあります。つい気になってしまう思考を変えるためには、自分の印象中心の考え方を変えるといいと思います。

既読のまま返事がない……と悶々としてしまう方は、つい「何か気に入らないこと書いたかな？」とか「私と連絡取りたくないのかな？」など、自分がどう思われているのかということばかり考えがちです。

ご相談を拝見していてもよくあるのですが、実際は「忙しかった」「体調を崩していた」「出張でバタバタしていた」など物理的な理由でレスポンスがなかった、ということは多いです。

まずは、自分中心ではなく、**相手の状況を考えてみるクセをつける**とよいかなと思います。そうすれば「あ、月末だからもしかしたら今は忙しいかも」など思い当たるフシが出てくると思います。

まず、彼が返信をくれないことを責めたり、別れたことをクドクドと謝罪するような内容は避けましょう。**明るく、短く、彼がポンと返事をできるような内容が好ましい**です。

気になる「既読」、あと一息待ってください

次に、大切なポイントがあります。

まず、メールの場合、メールを送って、彼から返信が来ない場合、つい「返事だけでもくれないかな」など、返信を催促してしまう方が多いです。

しかし、返事をするしないを決めるのは彼です。

メールを送って1週間我慢のできない方は要注意です。

私のところに来るご相談者の方でも、あと一息待つことができず、相手に催促をしてしまい、面倒がられるケースがよくあります。

ですから、あなたも彼にメールを送ったなら、**「返事がないなぁ。もう1回出してみようかな」と思ったところから、さらにもう1週間待ってみてください。**

その間に彼から返信が来ることが多いです。

待つ身としては、首を長くして待っているので「もう1週間もメールがない……」と感じてしまいますが、彼のほうでは「たった1週間」という感覚だったりするものです。

次に、ラインやメッセージの場合は、既読後に返信がないことにヤキモキしてしまうと思います。そこでつい「おーい」とか「どうしたの？」など、追い討ちをか

けるように、あれこれ送ってしまいがちです。

もしかしたら、彼は忙しくて後で返信をしようと思っているだけかもしれません。それなのに、ジャンジャン届くと、かえって警戒心を煽ってしまいます。ラインなどは、ポンポンとやりとりをするもの、という思い込みがある方も多いのですが、実際にご相談を拝見していると、意外と忘れたころにポツーンとラインの返信が届くこともあります。遅くなった理由は「忙しかったから」。このように、たいした理由ではない場合もありますので、焦ってどんどん送ってしまわないこと。その日1日くらいはゆっくり待ってみましょう。

あと一息待つ。

それだけで返信が来ることも多いのです。


最後に、**自分のことを伝えてみても、彼のことを聞いてみても返信のない場合**。

そんなときは、お互いに知っている人など、第三者の話題を出してみてください。当たり障りのない話題であれば、彼も気楽に返信しやすいです。

復縁を考えたときに、無関係な話題は意味がないように思えるかもしれませんが、まずはメッセージを送り合って、あなたを意識してもらうことが大切です。

そのために、まずはメッセージのやりとりをするということが目標ですので、とりあえずふたりに関係する話題でなくてもかまいません。

何がきっかけで連絡を取りやすくなるかは人それぞれですので、いろいろと試して、彼の反応を見てみてくださいね。

ラインは「ペース配分」が大切

いまは手軽に連絡が取れるラインを使う機会が多くなっています。

ラインのメリットは、なんといっても気軽さ。そして、既読、未読がわかるということ。これが長所でもあり、短所でもあります。

長所は、相手も気楽に返信しやすいので、ちょっとした小ネタや軽い話などに向いていると思います。ですが、こちら側も気楽に送ってしまうので、連絡過多になるケースが多いようです。

しかも、既読、未読というのがわかるので、既読後に返信をしないというのも相手にわかり、心苦しいです。読んですぐ送らないといけない、という義務感から、メッセージをいま見ないほうがよい、という気持ちになります。

つまり、既読無視をしたくないがために、メッセージ自体を見ないという状況ができあがってしまいます。

また、こちら側も、相手が読んだのに返信が来ない、読んだのに返信が遅いといったよけいな不安を持ってしまいますね。

ですから、**ラインを送る際には、頻度に十分気をつけましょう。**気楽に送れるからといって、あまり頻繁にやりとりをしないことを心がけたほうがよさそうです。

それから、スタンプの使い方も注意が必要です。

これはメールの絵文字にも共通するのですが、相手が普段、どのようなスタンプを使っているのか、どんなときに使うのか。そこを観察したほうがいいです。スタンプの使いどころや、使い方で「合わない」と思われることもあります。

あなたとしては面白いと思って送っていても、相手からすると困惑する内容になってしまうこともあります。

彼はどんなときに、どんなスタンプを使っているのか。そのセンスに合わせていくと相手もやりとりしやすいと思います。

ただ、男性はあまり絵文字やスタンプを多用しないかもしれません。相手に合わせると、本当にそっけない、絵文字もスタンプも何もないやりとりになってしまいがちです。

そうならないように、**相手よりも1つか2つくらい多めでもOK**くらいの意識で使っていくといいと思います。

また、ハートマークやドキドキなど、好意を連想させるような絵文字、スタンプは使うタイミングがポイントになってくるので、やたらに使わないほうがよいでしょう。

身近なところから行動してみよう

人づてに自分の「いい情報」を流す

彼と顔を合わせる機会はあるものの、メールやラインのやりとりはできないという方も多いです。たとえば同じ職場なのでときどき会うことはある、同じ学校なのでたまに顔を合わせる、などなど。

でも、挨拶程度でなんとなくギクシャクしてしまったり、中にはわざと顔を逸らしてしまう方もいます。

たしかに別れた後に顔を合わせても気まずいのはわかります。

しかし、それでは前に進みません。

ここは少し女優になって、笑顔で挨拶をするところからはじめましょう。

いきなりハイテンションで挨拶をする必要はありません。

それよりも、**きちんと相手の目を見て「おはよう」と笑顔で声をかける。**

それだけでいいのです。

さらに、このように顔を合わせる機会のある方は、同時に、お互いを知っている共通の知人もいると思います。

そのような知人に、あなたのいい印象を持ってもらうのもひとつの手です。

ここはポイントなので、少し説明しておきますね。

たとえば、あなたのご自宅に知らない男性が来たとします。

ピンポ～ンとやってきて、あなたに「百万円当たりました！」と言ったら、あなたはどうしますか？　おそらく、そのままドアをパタンと閉めるでしょう。

だれもそんな怪しい話には乗りません。

その男性がどんなにイケメンでも、どんなに優しく誠実そうな男性だったとしても、信用できない人の話は聞かないと思うのです。

しかし、あなたととても仲のいい友だちが「あなた、百万円当たったんだってよ！」と言ったらどうでしょうか？

「えー、ウソー？」と思いつつも、とりあえず話を聞きますよね。

これが、**第三者の力**だと思ってください。

たとえば、**あなたがどんなに「もう未練はないの」と彼に伝えたところで、彼はあなたの言葉をすんなりとは受け取ってくれません。**

残念なことに、いまの状況を考えると彼はあなたが完全に割り切ったとは信じていないからです。

しかし、第三者から「彼女、もうふっきれたみたいだよ」と聞かされたらどうでしょうか。

どういうわけか、あなたが直接言うよりは信用してしまうのです。

気楽になったほうがうまくいく

そんなときも、あなたがなんだかやりづらそうにソッポを向いて挨拶をしているよりは、堂々となんでもない感じで挨拶をしていたほうがいいと思いませんか。

その第三者の話も真実味を帯びますよね。

すると、彼はあなたへの警戒心を徐々に解いていきます。

「もう大丈夫なのかな？」「別れたくないってまた言われないよな……」と、少しずつあなたを受け入れるようになります。

挨拶だけだったのが、一言交わせるようになり、普通に会話できるようになり、と進展していきます。
メールやラインのやりとりだって、慣れてくれば可能になるでしょう。
せっかく彼と会うチャンスがあるのです！
まずは気楽に挨拶をすること。
そして、周囲の方には彼に未練のないことや、明るく生活をしている様子を語ること。
こうして、両側からアクションを起こしていけば効果的です。

冷却期間は必要？

義理でもどってくる返信は要注意

さて、まずはメールやラインでのやりとりをしましょう、という話を書いてきましたが、それ以前に少し距離を置いたほうがいい場合もあります。

「復縁」に関しては、一般に、放置したほうがいいとか、冷却期間が必要などといった意見を耳にすることがあります。

彼とまったく連絡を取り合わない期間をもうけたほうがいいというわけです。

たしかにそうした冷却期間が必要なケースもあります。

しかし逆に、間髪を容《い》れず彼にコンタクトを図ったほうがいいケースもあります。

この見極めはとても重要です。

ですから、パターンごとにご説明しますね。

レベル１のケースとは直接関係のないパターンもありますが、参考にしてみてください。

冷却期間が必要なケース（状況によって異なりますが、1～3カ月連絡をしないように）

❶別れ方が険悪で、彼が「しばらく顔も見たくない」と怒っている場合

このケースでは、時間を置いてみたほうがいいと思います。当然、彼が怒っていることも理由ですが、それよりも、かつてないほど彼に嫌悪されたことで、あなた自身が相当あせっていると思うからです。

あせりからなんとか彼とつながっていようとしても、うまく進むことはありません。むしろ、よくない方向へ転がっていく可能性のほうが高いです。ですから、この場合はお互いに冷静になる意味でも最低3カ月ほど距離を置いてみたほうがいいでしょう。

❷別れても連絡できていたけど、徐々に返信が減ってきた場合

最初は彼も義理で返信を書いていると思います。しかし、徐々に面倒になってきた可能性が高いです。このまま連絡をしつづけてしまうと、彼は返信をすることが義務になってしまい、そのように拘束するあなたに対して嫌な感情を持ってしまうでしょう。

あなたも返信のないまま何度も送るのは、やりづらいと思うのです。お互いにリセットして、新鮮な気持ちになるためにも、ここは勇気を出してスパッと連絡を絶ってみてください。

❸都合のいい関係になり、体目的で会っている感じの場合

距離を置いてください、と伝えていちばん難しいのがこのケースです。なまじいま連絡が取れて楽しい時間を過ごせているだけに、「なぜ連絡をやめなければならないのか」という気持ちになる方が多いようです。このまま気楽にやっていけば、いずれ彼女になれると思っている方がほとんどでしょう。

しかし**多くの場合、二番手から昇格できません。**まずは距離を置いてみること。そうすることで関係がフラットになりますし、彼もあなたの大切さを再認識できるようになります。

❹彼に新しい彼女ができた場合

彼に新しい彼女ができてしまったなら、思い切ってしばらく身を引きましょう。

とても勇気がいると思います。そのまま彼女と結婚してしまったら……など、不安も大きいでしょう。

しかし、不安ばかりのあなたはきっと魅力的ではないはずです。しかも、**新しい恋に夢中の彼に対して、あなたがあれこれコンタクトを図っても、彼は面倒に感じるかもしれません。**ここは思い切って距離を置いてみて、彼の新しいお付き合いが落ち着いたころに連絡してみるのが得策です。

冷却期間を置かないほうがいいケース

❶別れ方が穏やかで、お互いに別れても友だちだと確認している場合

この場合は、下手に時間を置くと、お互いのいない時間に慣れてしまいます。せっかく友だちでいられるのであれば、**友だちでもいいのでいまのうちに居心地のいい関係を築いてしまいましょう。**そうすれば、今後あなたも動きやすいと思います。

❷別れて連絡がなかったけど、久々に連絡が来た場合

これまでと違う反応になったということは、彼の中でなんらかの心境の変化があ

ったということです。

よくあるのですが、３カ月ぶりにひょっこり彼から連絡が来た。内容は他愛もなくて「元気か？」程度。しかし、たったそれだけでも、彼があなたを気にしているということです。**ここで消極的になってしまうと、せっかくのチャンスを逃すことになります。**まずは明るくやりとりをはじめてみてください。

❸彼が彼女とうまくいっていない場合

彼に好きな人ができてあなたと別れたけれどうまくいっていない、振られた、振った、などの場合はこれに当たります。

また、彼から直接でも人づてでもいいので、彼女と別れそうだということを聞いた場合。こうした場合は、思い切って彼に近づいてみましょう。**彼も不安定な状態なので、あなたを頼りにするかもしれません。**

いきなり復縁をしようとするのではなく、根気強く彼の話を聞いてあげる、というスタンスがいいでしょう。徐々にあなたのよさに彼が魅かれていくことと思います。

適度な距離感――答えは「相手の反応」にアリ

このように冷却期間は必要であったり、そうでなかったりとさまざまです。一概に距離を置けばいいというものではありませんし、また、一概に距離を縮めようと躍起になるのも間違っています。

ご自分のケースに近いものを選んで、あなたならどうすればいいのかを判断してみてください。

そこで自分は距離を置いたほうがいいんだな……と感じるのであれば、いま急いで彼に連絡する必要はありません。

もう少し時間を置いてからメッセージを送ってみると、より効果的だと思います。ペースは、相手に合わせたほうがよいでしょう。あなたばかり即レスというのは避けたほうがよいです。

たとえば、相手からメールやラインが来て、1回目は即レスをしてみる。相手もすぐに返してくるのなら、おそらく暇なのでしょう。相手をしてあげると、距離が縮まることも多いです。逆に、相手は時間がかかるのに、こちらばかり即レスをしてしまうと、警戒されてしまいます。

レベル②　もっと返信率を上げたいときは？

飽きないようにメッセージの内容を変える

さて、レベル2は、彼とメールやラインのやりとりはできるものの、なかなか返信が来なかったり、返信のあるときとないときがある、という状況についてです。

このような場合は、徐々に送る内容を変えていくことで、彼との距離が縮まっていくことが多いです。

そこで、内容について、大まかに段取りをお伝えします。

1・当たり障りのない話題を振る＝警戒を解く
2・頼みごと、質問を投げかけてみる＝相手が応えることで、少し親近感が湧く
3・悩みを共有する＝親しい印象を持つ

では、それぞれについてご説明します。

1・当たり障りのない話題を振る

まず、ファーストコンタクトとしていいのは、当たり障りのない話ですよね。明るく、近況報告などをまじえた軽い内容のやりとりをします。

ここでの目的は、彼の「復縁を迫られると面倒だ」「まだ未練があるのか？」という警戒心を解くことです。

なので**「気のない素振り」と「友だち感覚」でやりとりをすることが大切です。**

何よりも楽しい内容で、相手に、「あなたからのメールやラインには害がない」と思ってもらうことが大切です。

そのためにはどんな内容がよいでしょうか？　たとえば、

「おつかれ〜。今日も寒いね！　風邪の人も増えてきたけど、○○は大丈夫？」

「お久しぶり。元気にしてる？　私は最近忙殺されてるよ（笑）。これから年末年始にかけて飲み会も増えるし、忙しそう。○○は胃腸が弱かったと思うけど、飲み過ぎてない？」

などなど。

また、誕生日をきっかけに連絡を取る方も多いです。この方法については第3章で説明しますので、参考にしてくださいね。

そして、この1段階目のやりとりで彼からの返信率が50％以上になってきたなら、第2段階に移っていきます。

2．頼みごと、質問を投げかけてみる

最初は義理からか、もしくは久しぶりという物珍しさからか、彼も返信をくれると思いますが、**内容のないメッセージに対しては徐々に返信するのが面倒になってきます。**

すると、だんだん返信が遅くなったり来なくなったりします。

彼が忙しいとか、体調を崩しているなど、返事を出せない理由がある場合を除き、多くは返事をすることに飽きてきている場合が多いです。

そこで、こうならないためにも、**返信率が上がってきた段階でひとつ頼みごとや質問をしてみるといい**です。たとえば、

「PCのセキュリティソフトでオススメがあったら教えてくれない？」

「前に面白いって言ってた本、何だったっけ？」

など、簡単な内容がいいでしょう。

簡単とはいえ、**頼みごとをし、相手がそれに応えるという行動は「親近感が増す行動」と言われています。**

2、3回こうした頼みごとや質問をしてみて、彼が快く応じてくれるようであれば、次の段階に入っていきます。

3・悩みを共有する

さてその次の段階ですが、いつもお願いごとや質問ばかりでは彼も面倒になってくるでしょう。

なので次のステップとして、何かしら悩みごとを共有できるように持っていきます。彼の悩みを聞いてあげるのです。

とはいえ、いきなり「何か悩んでる?」と聞くのもおかしいですよね。

そこでよくお勧めしている方法なのですが、**自分から先に悩みを振ってみる**とうまくいくことが多いです。

不眠症とか肩こりとか、あるいは仕事の話が共有できるのであれば、仕事上の悩みでもいいでしょう。重くならない感じで、彼も共感できそうな悩みを、まずはあなたから振ってみます。

するると、彼から返答があるでしょう。

たとえば「オレは○○が効いたよ」とか「こうしてみれば？」とか「こう思うよ」とか。

さて、**大切なのはここから**です。

ありがちなのが、

「ふーん、そう思うんだねー」

「そっかー。やってみるよ。ありがとう」

などと、あっさりその話題を終わらせてしまうパターンです。

これではもったいないです。

せっかく彼の思いや意見を引き出せたのですから、ぜひ話を広げてください。

悩みを共有することで、さらに親近感が増していきます。

では、どうすればいいのか？

同調できる部分を見つけて、私も一緒だよ、ということを伝えるのです。

「ほんとそうだよね、同じだね」とか「わかるわかる、私だけじゃないんだ」とか。

人は共感を得られるとうれしいものです。

ですので、このように相手に共感しつつ、さらに質問を振ると、会話が盛り上がっていきやすいです。

一歩踏み込んだ話題であるうえ、共感しあえることで、グッと親密度は増すでしょう。

このように、段階的に話を深い部分へ持っていくことで、メッセージのやりとりだけでも徐々に親密度を増すことができます。

この共感は**「オレのことをわかってくれる」「意見が合うな」**と好印象のポイントになります。しっかり覚えておきましょう。

このポイントを押さえて、段階的にメッセージを送ってみると、その後のやりとりはスムーズになっていくと思います。ですから、距離が縮まったなら、あとは同調やねぎらいに気をつけて気楽に送ってみてください。

そうすれば、次ページからご説明する「会う」という方向へ話を進めてもスムーズにやりとりができると思います。

彼に「会いたい」と思わせるには？

会う約束ができる誘い方、できない誘い方

メールやラインのやりとりはスムーズにできるのに、会う話をするとなんとなく流されてしまう……そう感じている方も多いでしょう。

あなたはなぜだと思いますか？

もしかしたら、「会いたくないからだ」と考えていませんか？

じつは、その考えが原因で、会う話が流れてしまっていることが多いのです。

「彼は会いたくないだろうな」と思いながら誘うと、誘ってみて彼から反応が薄かった場合、もう一度誘ってみる勇気がなくなります。

本当ならもう一押しで会えるのに、遠慮をしてしまってその一押しができない。

また、**遠慮がちに誘うと、彼もなんとなくＯＫしづらく、そのままになってしまったりもします。**

ですから、ここでは**彼が会いたくなるような誘い方**について考えてみましょう。

まず、ポイントとなるのは、**必ず「行く前提」で誘ってみること。**

絶対に間違えないでください。

断られる前提ではなく、行く前提で誘うのです。

そうすると、何が変わるでしょうか。

まず、次の2つの誘い方をご覧になってください。

「今度時間があったら、ご飯でもどうかな〜と思って。無理にとは言わないけど」

「久々にご飯にでも行こうよ！　今週か来週、どこか都合のいい日はある？」

断られる方の多くは、前者の誘い方をしています。

そうすると、彼も曖昧に「じゃ、時間があれば」と答えるでしょう。

あなたはまた頃合いを見はからって、「この前言ってた食事だけど……」と一から話をすることになります。

そのときに彼が都合が悪かったり忙しかったりすると、返信をしないままになります。そのまま、会う話は流れてしまうでしょう。

しかし後者のように、食事に行くことは大前提で、そのうえでＡかＢのどちらか、という選択肢を与えてみた場合はいかがでしょうか。

彼はＡかＢかで答えます。行く、行かない、の選択肢ではなく、行くならＡかＢかという話になりますよね。

するとどちらを答えても行くことになります。

誘い方ひとつで結果は大きく変わることが多いです。

最高の写真でイメージをふくらませる

それから、過去の成功例としては、思い切って自分の写真を送ってみるというものもありました。

なんてナルシストな！　と笑わないでください。

メールやラインでやりとりをしていると、いつも文字ばかりを見ています。あなたのイメージも文字からのものになってしまいますよね。

しかし、あなたの写真を送ってみると、彼は具体的にあなたをイメージできます。

もちろん、変なのは送らないでくださいね。写真加工アプリで盛りすぎのものも

NGです。

なるべく自然な感じのベストショットを送ってください。

たとえば「髪を切ってみたの」とか「パーマをかけてみたんだ」など、何でもいいと思います。

顔を見せるのが恥ずかしいのであれば「日に焼けた〜」と腕だけでもいいでしょう。

久々に見るあなたに、彼はドキッとするはずです。すると久々に会ってみようかな、という気持ちになったりもします。


大切なのは、あなたが遠慮がちになる必要はないということ。

友だちをご飯に誘うノリで十分。

あなたが下手に構えると、彼も構えてしまいます。

気楽にサクッと誘ってみてください。

きっと軽いノリで彼もOKしてくれると思います。

彼が気になって仕方ない女になる

プライベートの情報を断片的に見せる

前項では、彼に会いたいと思わせるには、という話を書きましたが、彼にはもっともっとあなたに興味を持ってもらう必要があります。

あなたに興味を持てば、彼ももっと積極的にあなたと関わりたいと思うようになるでしょう。すると、会うチャンスも増えるでしょうし、メールやラインのやりとりもスムーズになります。

フェイスブックやツイッターなどのＳＮＳでつながっている場合も、有効な手段となります。

では、**「元カノ」ではなく、「気になる女」に昇格するには、どうすればいいのでしょうか？**

ポイントは２つです。

●すべてをさらけださないこと
●変わったなと思わせること

たったこれだけです。

まず、すべてをさらけださないこと、というのは、あなたの情報を事細かに彼に提供しないほうがいいということです。

逆に考えてみるとわかりやすいのですが、あなたも彼が逐一いろいろ報告してくれると安心してしまいませんか？

たとえば「今日は会社の同僚（男）と○○の居酒屋で飲んだくれてたよ～。終電になんとか間に合って、あそこのコンビニでおにぎり買って帰った～」なんてメッセージが来たとします。

彼がどこで、いつ、だれと、何をしたのか、すべてわかりますね。

女性はいないようですね。

このようにすべてがわかると気になりません。

では、同じ行動でも次のようにメッセージが来たらどうでしょうか。

「今日はちょっと飲みに行ってさ。終電ギリギリだったよ。帰りに寄り道もして疲れた〜」

どう思いますか？

おそらく、だれと？　なんでそんな長時間？　どこに寄り道したの？　と、気になって仕方ないですよね。

彼も同じです。

あなたが彼にメールやラインをする際も、**事細かに状況説明をすればするほど、彼の興味は失せていく**のです。

それなら、肝心な部分はオブラートに包んで、彼の興味を掻き立てたほうがいいでしょう。

付き合っていたときと「別人」の部分を見せる

そして次に、変わったなと思わせること。

あなたも彼も、お互いの印象は別れた時点で止まっています。

すると、「よく知ってる人」という印象になるので、とくに興味も湧きません。

とりわけお付き合いが長く、お互いをよくわかりあっていたふたりほどこの傾向が強いです。

新鮮味がないので、なんとなく興味のないまま進展もせず後退もせず、という状況になりやすいです。

これを打破するには、あなたの新たな一面をどんどん見せていくことです。

これまでまったく興味のなかった分野にチャレンジしてみて彼を驚かせてもいいでしょう。

女性らしい部分ばかりを見せていたのであれば「フットサルをはじめた」という話でもいいですし、彼に頼りっぱなしだったのであれば「自立するために資格を取ろうと思う」という話でもいいでしょう。

そうやって、「あれ？　なんか変わったな」と思わせていくことが大切です。

行動だけではなく文体での変化でもかまいません。

絵文字を多用して「〜だよぉ」など書いていたのであれば、もっとしっとりオトナの雰囲気にしてみるのもいいでしょう。やりとりの中で、これまでとは違う真面目な意見を伝えてみてもいいと思います。

SNSなら投稿する内容を変えてみるのもよいですね。料理やコスメなど、女性らしいものばかりをアップしていたのなら、ビジネス書だったり、スポーツの話題などをアップしてみるのもよいと思います。

ほんの少しの変化かもしれませんが、お互いによく知っていればそのぶん大きな変化に見えるものです。

イメージが変わると、なんとなく知らない人のように感じることもありますよね。内面的な部分だけでなく、外見も同様です。

ダイエットをして急にきれいになる方もいますし、服のセンスを変えただけでも印象は随分変わります。

手段は何であれ、この2つのポイントを押さえて少し彼と接してみてください。きっとあなたへの興味がムクムクと湧いてきて、彼の反応がもっと前向きなものになっていくと思います。

こうしてあなたへの興味をふくらませていけば、いよいよレベル3に突入です。

レベル③

彼があなたに恋をしてしまう方法

彼自身の思いに「気づかせる」

さて、ここまでくるとあと一歩です。

レベル3を読んでくださっているあなたは、彼との連絡も取れますし、彼からも連絡が来る、メールやラインをすればたいていい返信がある、会う機会もある、といった状態だと思います。

いま、彼はあなたのことが少し気になっていると思います。

ここからが大切で、気になる存在=好きとなってくれればよいのですが、彼自身もまだ気になる理由がよくわかっていません。

過去に関係を持った女性だから気になるのか、好きだから気になるのか、彼も気づいていないのです。

ですから、ここからは**彼に「好きだから気になる」と気づいてもらうことが大切**

です。

よく恋愛では疑似体験をすると恋に落ちると言われますよね。

恋をすると人はドキドキします。

そのドキドキが恋ではなくても、絶叫マシーンやお化け屋敷などでのドキドキを一緒に体験することで、恋のドキドキと錯覚することが多いのです。

これは復縁でも同じように使うことができます。彼にドキドキを感じさせると、「もしかしたら好きなのかな……」と彼も自分の気持ちに気づきはじめます。

一緒に過去のドキドキを疑似体験する

そのためには、彼があなたを好きになったころの話を持ち出してみるといいでしょう。なるべく詳しく、そのころの感情がよみがえるように。

そのときの雰囲気、ふたりで交わした会話、見えた景色、何を食べたのか、何を飲んだのか、細かく話していくうちに、彼は徐々にそのころにタイムスリップしていきます。

すると、あなたを好きで仕方なくてドキドキしていたころの感情がよみがえってくるでしょう。彼とあなたはドキドキの疑似体験をすることができます。

過去にさかのぼることで、彼も自分がどんなにあなたを愛していたのかを思い出すでしょう。

こうして**彼にドキドキ感を与えると、彼は別れた後の気持ちから、あなたを大好きだったころの気持ちにシフトしていきます。**

たとえば電話で最近行った場所について話をしているときに「そういえば、前にふたりで○○に行ったよね」と初めてのデートで行った場所の話を持ち出してみるのもいいでしょう。

もしくは、電話で話をしていて「あのころもこうやっていろいろ話したよね」と、当時の話を出してもいいでしょう。

きっと、あなたも日常生活を送っているなかで、ふと彼と行った場所、彼と話したことなどを思い出すことがあると思うのです。

そんな話をときどき彼に振ってみます。

毎回そんな話をすると未練がましく思われてしまいますが、3回に1度くらいの頻度で話題に上らせてみるといいかと思います。

ただ、ここで注意していただきたいのは、ドキドキさせることと、ドキッとさせることは違うということです。

第１章のはじめにも書きましたが、よく別れた後に、彼を心配させようとして「痴漢に遭ったの」とか「知らない人につけられてて……。怖いから助けて」といった連絡を彼にしてしまう方がいます。

ここまではいかずとも、仕事が大変で体調不良で……など、彼に心配してもらおうとしたことはありませんか？

たしかに一度は大好きだった女性ですから、彼も心配するでしょう。

しかし、この心配は一過性のものである場合が多いです。

最初は心配しますが、その後、**別れてもなお心配をかけたり、驚かせたりするあなたに対して腹を立てはじめます。**

あなたのせいで心が揺さぶられるのは嫌なのです。

すると、愛情が湧くどころか嫌われてしまいます。

ここは注意してくださいね。

驚かせるのではありません。彼にドキドキと恋をしているような気分を味わってもらうことが大切なのです。

「あなたと復縁したい！」と思わせるには？

距離を置くことであなたの大切さに気づいてもらう

いよいよおふたりの仲が進展してきたなら、彼にあなたと「復縁したい！」と思ってもらうことがポイントになりますよね。

先のドキドキを体験していれば、なんとなく彼も、あなたのことを好きなのかな……という気持ちになっていることでしょう。

しかし、**恋愛と復縁の大きな違いが、この先にもうひとつある**のです。

それは、

「一度別れているのに、また付き合うなんて、なんとなく自分勝手だしよくないことに思う」

と彼が感じてしまうことです。

恋愛であれば、好きならそのままお付き合いがスタートしますが、復縁となると、一度失敗したという苦い経験があります。

彼もつい慎重になってしまうのです。

では、そんな彼が「お前が好きなんだ」と、もう一度あなたに夢中になるには？


それには**「喪失感」を味わってもらう**ことです。

彼に喪失感を与えるのです。

というのも、彼はあなたと別れたとはいえ、連絡も取れるし、気心も知れているし、いまの関係も楽しいなと思っているかもしれません。

復縁という形にこだわらずとも、あなたがそばにいれば結論は先延ばし……ということもありえますよね。

ですからそんな彼に、

「もし、あなたがいなくなったら……」

を想像してもらうのです。

思い返してみてください。

あなたが彼の存在の大きさを痛感したのは、別れた後ではありませんでしたか？

相手がそばにいる間は、それがあたりまえになっていて大切さを忘れがちです。

しかし、**失って初めてその存在の大切さを実感して、復縁したいと思ったのではないでしょうか。**

同様に、彼にも「あなたを失うかもしれない」という現実を目の当たりにさせ、あなたについて再度真剣に考えてもらうのです。

きっと彼は、なんだかあなたを手放してはいけない気になってきます。**失うと思うと、急に大切なもののように感じる**のです。

ここで彼は、好きならつなぎとめておかねばならない、ということに気づきます。

そのために、今度はあなたから少し彼と距離を置いてみます。

これまでは毎日送っていたメッセージを送らないようにしてみます。

もしくは、彼のお誘いに「ちょっと最近忙しくて……」という感じで当たり障りのない程度にお断りをしてみたり。

自然に「喪失感」をつくりだす

しかし、これを実行しようとすると、かなりの勇気と思い切りが必要です。

なにせ、楽しく彼と話をしたりメッセージのやりとりもできるのに、冷や水を浴びせることになります。

彼が「いなくなるなら、別にいいや」と思ってしまっては意味がないですよね。

なるべくなら、彼に「失いたくない」と思われたいでしょう。

そのためにはここまでの過程で、ドキドキさせたり楽しく話をしたりしてきちんと彼にいい印象を与えておくことが大切です。

それさえできていれば、必ず彼はあなたのことを「失いたくない」と思うでしょう。


ただし、生死に関わるような駆け引きだけはやめてくださいね。

喪失感と聞くと、そんな手段を使ってしまう方もいるのですが、それでは前項でも書いたように、彼が驚いてしまい、あなたに嫌悪感を持つきっかけになってしまいます。

そんな駆け引きなどしなくても喪失感を持ってもらうことは可能です。

あなたから少し身を引くと、彼のほうでは「なんか最近冷たいな、もしかして他に好きな人ができたのかな」などと思いはじめます。

すると、いまの関係がなくなるかもしれない……と彼は想像するでしょう。

あなたからメッセージが来ない日常、あなたに会えない日常。あなたを失うという喪失感を感じると、彼の心の中であなたの大切さ、必要性がクローズアップされていきます。

いなくなると思うと、自分がどれだけあなたを頼っていたかに気づくのです。失って辛いものは、大切なものだと思います。

あなたもそうですよね。

ですから、彼はあなたのことを好きだと認識しはじめるのです。イコール、彼は「復縁したい」と思いはじめるでしょう。

新しい彼女から彼を取り戻す方法

今カノから心を引き離すテクニック

彼に新しい彼女がいる、というケースもあると思います。

この場合は、彼があなたのことを気にしつつも、いまの彼女となかなか別れられないということもあるでしょう。

まず、いちばん心に留めておいていただきたいのは、彼自身も苦しんでいるということです。

彼が優しいからこそ、簡単にいまの彼女を見捨てるわけにもいかないし……という状態になっているのです。

ここでもしあなたが「いつになったら彼女と別れてくれるの！」などと詰め寄ってしまっては、これまでの努力が水の泡になってしまいます。

ここは慎重に事を進めることが大切になります。

では、今カノと元カノを天秤にかけている彼を、どうすれば自分に引き寄せられるのでしょうか。

ポイントは2つあります。

- 謙遜を利用する
- タイミングをはかる

まず最初の「謙遜」についてですが、少し想像してみてください。

あなたは知人に「あなたって、美人だし仕事もできるし、オシャレだし、すごいよね！」と言われたら、どう答えますか？

親しい仲であれば冗談で「そうでしょう!?」と答えることもあるかもしれません。しかしたいていの方は「いやいや、全然そんなことないよ」と謙遜すると思うのです。これを少し利用してみます。

彼に対して、いまの彼女を褒めたたえるのです。

悔しいかもしれませんが、試しにやってみてください。

「いつも仲がよさそうだし、彼女もきっと可愛いんだろうね。けんかもしないいんじゃない？」

など。すると彼はおそらく、

「いやいや、そんなことないよ。すごい可愛いってわけじゃないし、けんかだってするよ」

と謙遜するでしょう。

そこで、つい「そうなの？」と言ってしまいそうですが、ここはグッとこらえます。そしてさらに「そんなことないでしょう。きっと可愛いと思うんだよねぇ」と、輪をかけて褒めてみます。

彼は再度「全然！　そんなことないって」とまた謙遜します。

一見無意味に見えるやりとりですが、こうすることで、彼は彼女のマイナス部分を口にしつづけることになります。意識しなくても、嫌な部分を口にすることで、徐々にそれが彼の気持ちに積もっていきます。

けんかについて突っ込んでみてもいいでしょう。

けんかの話をすると、相手に対する嫌な気持ちを思い出しますよね。

そうやって、徐々に彼の中に彼女のマイナス部分を広げていくのです。

そばにいれば、何度でもチャンスはある

この効果はそれだけではありません。

あなたがこだわらずに彼女とのお付き合いに触れれば、彼は今カノとのこともあなたに話してくれるようになります。

これまでは恋愛の話はタブーなのかな、と暗黙の了解があったと思うのです。

元恋人ですし、他の異性の話をするのはどうかな……という遠慮もあったことでしょう。

それがなくなると、彼は気楽に彼女について話をするようになります。

そこから次の「タイミングをはかる」につながります。

タイミングとは、**彼と彼女の仲が怪しくなってくるタイミング**です。

どんなカップルにも波があるように、彼といまの彼女のお付き合いもつねに順風満帆ではありません。

けんかもしますし、なんとなく距離を置いてしまうような時期もあるでしょう。

そのタイミングであなたが彼のそばにいたなら……。

この状況をつくりだすには、彼と彼女のお付き合いについての状況を把握しておく必要がありますよね。

ですから、**タイミングを見るためにも、彼にはなるべく彼女の話を持ち出してもらったほうが都合がいいのです。**


これは、ただタイミングが来るのを待っていればいいのではありません。

「謙遜」を使って、彼の中に彼女への不満を徐々に蓄積させていくのです。

褒める→謙遜する→褒める→謙遜する→不満が形になる……というふうに、彼の気持ちを変えていきます。

そうして徐々に彼女との仲が怪しくなってきたところにあなたが台頭する。

このシナリオで、彼はあなたを選ぶことでしょう。

なんとなく意地悪な作戦に見えるかもしれませんが、あなたも彼に愛される権利はあります。

しかも、愛されていた事実もあります。

遠慮をしていても前には進まないのです。

彼にどんどん仕掛けていき、今カノよりもあなたのほうが彼の心を占めるようになれば、復縁はすぐです。

告白の瞬間

「告白のタイミング」3つのポイント

彼の「拒否」を感じませんか？

ふたりの仲がグンと近づいたなら、あとは勇気を出して告白をするだけです。
では、そのタイミングはどうやって見はからえばよいのでしょうか。
実際の復縁報告を参考にポイントを見てみましょう。

「少しずつ連絡が取れるようになり、電話ができるようになり、一緒に出かけるようになり……と、だんだん関係が前進していきました。初詣に誘って、その後話をして彼からOKをもらうことができました」

「思い切って電話をしました！　そのときは出なかったのですが、そのあと彼からかけなおしてくれました。軽く世間話をしてから、勇気を出して自分の反省を伝えました。彼は『もう気にしてないよ』と言ってくれました。それから昔の話をいろいろしました。ふたりで行った場所や、楽しかったことなど。すると彼から『今度はうまくいくと思う？』と言ってきました。私は『きっと前よりずっと楽しいと思う！』と言いました。そしたら彼から『もう一度やり直そう』と言ってくれました」

「アドバイスをいただいてから3カ月くらいして、相談にのってほしいというメッセージがあり、『付き合ってる彼女とうまくいかない』と言われました。浅海さんの言った通りの流れになって驚きでした。それから彼に会って、彼の話に明るく共感して少しアドバイスをしました。彼がすごく感謝をしてくれて、また会いたいと言ってくれました。そこからよく遊びに行くようになって、また付き合うことができました」

「自分からは復縁を迫らないようにして、彼の考える期間だ、と思うようにしてきました。連絡してきたときや会っているときはなるべく自然に、楽しい環境をつくっていました。すると、彼から夜桜を見に行こうと言われて、夜中ドライブに行った帰りに『また付き合って』と言われました！」

このように、多くの方が復縁をなさっています。
そして、復縁のタイミングかな、と思うポイントは３つあります。

●彼からも連絡が来る（折り返しでも可）
●誘ってみてＯＫしてもらえる
●あなたの反省について責めない、穏やかに聞いてくれる

３つのポイントを見てわかると思うのですが、彼があなたを拒否していませんよね。

受け入れようという姿勢になっていると思います。
こうなってくると、告白のタイミングだと思います。
ぜひ勇気を出して、思い切って彼に「やり直したい」と伝えてみてください。
きっといい結果が待っています！

告白して「ノー」と言われたら？

告白のときに守るべきルール

復縁の告白で、絶対に守ってもらいたいことがあります。

それは、**万が一彼があなたの告白にＯＫを渋ったとき、ノーと言ったときに、押しの一手にならないこと。**

待つ姿勢も大切です。

とはいえ、押したほうがいい場合もないわけではありません。

ですから、ここでは彼がノーの場合に、引いて次の機会を待ったほうがいいケースと、再度プッシュしてみたほうがいいケースについてお伝えしておきます。

引いたほうがいいケース

❶告白を早まった場合

ここまでレベルごとにポイントを書いてきました。そのポイントを飛び級してしまったり、うまく噛み合わないままなんとなく告白をしてしまった場合は、サクッと引いて、再度つまずいたポイントからやり直したほうがいいでしょう。

❷彼が気持ちの問題以外で迷っている場合

いまの彼女と完全に切れておらず、まだゴタゴタしている状況のとき。

そんなときはあなたと付き合うことがノーなのではなく、きちんとしてから付き合いたいという気持ちもあります。

そこであなたが押してしまうと、別れたくないと言っている彼女と同じレベルに思われてしまいます。すると、**彼は急にあなたのことも面倒に感じてしまいます。**

そんなときは一度引いて、彼の身辺が落ち着くのを待ったほうがいいでしょう。

❸タイミングが悪かった場合

彼が恋愛以外の問題を抱えていて、いまは潔い決断をできないときもあります。

そんなときにあなたが復縁を急《せ》かしてしまうと、彼の問題を増やすことになってしまいます。ですから、そんなときは引いて彼を見守る姿勢を見せましょう。

そのほうが彼もあなたを信頼して後に復縁を考えるはずです。

❹あなたのワガママや束縛で別れている場合

もともとあなたが彼に対して意見を押しつけるタイプで、お付き合いのときにワガママを言ってしまったり、彼を束縛していたことが原因で別れている場合。

このケースでは復縁の際も意見を押しつけてしまうと、彼が引いてしまう可能性があります。できれば**彼の意見を尊重して、穏やかに待つ**姿勢を見せたほうが、彼もあなたが変わったなぁと思い、復縁を前向きに考えるでしょう。

もう一度押したほうがいいケース

❶彼が優柔不断で流されやすいタイプの場合

あまり自己主張せず、あなたの意見を穏やかに聞き入れるタイプの彼であれば、もう一押しで彼がOKする可能性が高いです。仮に渋ったとしても、ノーではなく考えているだけなので、**思い切って笑顔で「付き合おうよ！」と言ってみましょう。**あなたの笑顔に彼もOKをすると思います。

❷あまのじゃくで素直ではない彼の場合

このタイプの男性は、ＯＫしたくても素直に言わないことがよくあります。あなたが引いてしまうと、彼も素直ではないので「別にやり直さなくてもいいじゃん」というように、話がおかしな方向へ流れる可能性があります。

このような男性には「いいじゃん！　決定！」と言い切ってしまったほうが、案外「しょうがないなぁ」と言いつつＯＫしてくれるでしょう。

振られても、振り出しにもどるわけではない

彼の性格によっては押してみるとＯＫがもらえることもあります。

しかし、優柔不断でいまの彼女と迷っている、という複合ケースの場合は、引いてみるパターンのほうがいいでしょう。

押せばいいというものではなく、堂々と引いてしまったほうが彼もＯＫするケースが多いです。

大切なのは、なんとか付き合おうとして自分の思いをぶつけないこと。

それよりも、彼の意見を尊重して、なぜ簡単にＯＫをくれないのかという部分を

考えてみたほうがいいです。

わからないのであれば、素直に彼に聞いておけば、今後のあなたの対策も見つけやすいと思います。


また、いちばんあなたに知っておいていただきたいのは、**仮にノーだったとしても落ち込まないこと。**


別れた後に再度復縁を申し出るまでにあなたと彼の関係は修復されています。

また振り出しにもどるようなことはありません。

告白をした時点で、彼はきちんとあなたのことを恋人候補として考えるようになります。


あとは、これまで通り明るく、彼にとって愛らしい女性でいれば、じきに復縁もできるでしょう。

あせりがいちばん禁物ですので、どうか落ち着いて彼に再度、あなたの魅力を知ってもらいましょう。

チャンスはいくらでもあります。大丈夫ですよ。

第３章

こんなときどうする？
困ったときの対処法

彼の誕生日はチャンス？

さらっとした「おめでとうメッセージ」を送る

ここまで、レベルごとの対処法を書いてきましたが、イレギュラーなシチュエーションなど、こんなときはどうしたらいいのかな、という疑問も出てきたことでしょう。

そこでこの章では、**これからあなたが復縁をしようとしたときに感じるであろう疑問に、あらかじめお答えしておきます。**

さまざまな対処法を書いていきますので、もしあなたが壁にぶつかったときには参考にしてくださいね。

まず、1年を通してよくお聞きする質問は、誕生日に関するもの。

たしかに、いまさらわざわざおめでとうと言ってもいいものか、かといって何もしないのも……と考え込んでしまうお気持ちはよくわかります。

なんといっても、年に1度のビッグイベントですから。

では、彼の誕生日に、あなたはどんなことをすればよいのでしょうか？

知っておいていただきたいのは、**だれでも誕生日を祝ってもらえるのはうれしいものだということです。**

男性にとっても誕生日は特別な日です。

ですから、気楽に「誕生日おめでとう！」と明るくメッセージを送るくらいは問題ないと思います。

ただ、そのときは次の2つだけ注意してください。

- 決して長文にならないこと
- お付き合いの反省や、暗い内容にならないこと

この2つだけは守ってくださいね。

仮に彼から反応がなくても、気にしないでいいのです。

もともと返信の必要性のあるメッセージではありませんし、返信はなくとも、きっと彼も少しうれしい気持ちになっているはずです。

これは過去の事例でも見られるのですが、**誕生日がきっかけでメールやラインのやりとりが再開することはよくあります。**

ある女性は、それまで3カ月間、彼からまったく反応がなかったのですが、誕生日におめでとうのメッセージを送ったところ、普通に返信がありました。

近況報告をかねて電話にも発展しました。

その彼もきっと、長い間メールに返信をしなかったことを気にしていたのだと思います。

そして、誕生日のメッセージをいい機会にして返信しようと思ったのでしょう。

そこからまた少しずつですが、やりとりも進むようになりました。

このように、誕生日がいいきっかけになることも多いです。

「季節のイベント」を口実にすれば誘いやすい

何か動こうとするときには、リスクが頭をよぎります。

こうなったらどうしよう、ああなったらどうしよう、そんな不安に駆られることもあるでしょう。

でも、その行動を起こすことで道が開ける可能性があるのです。

リスクを顧みず身勝手な行動をするのはよくないですが、ときには思い切って動いてみることも大切です。

誕生日だけでなく**花火やバーベキュー、スノボー**といった「イベント」をきっかけにと考える方も多いでしょう。

季節ごとのイベントは期間限定ですので彼も興味があるでしょうし、**人間楽しい話には乗りやすいもの**です。

何もなしに誘うよりは比較的気軽に誘いやすいので、彼を誘うときにはぜひ、こうした季節の行事を取り入れてみてください。

しかも、このようにイベントをチャンスにしていくと、彼との連絡もスムーズに進むことが多いです。

とくに、あなたが仕切る立場になっていれば、彼に連絡をする必要もありますし、楽しいイベントの連絡ですから、自然と会話も盛り上がります。これは一石二鳥ですね。

そして、くれぐれも誘うときは気楽に。

こちらが構えてしまうと彼にもその空気が伝わってしまいますが、**近所のコンビニにでも誘うような気軽な感覚で誘えば、彼も深く考えずに「その日は空いてるからいいよ」と言うかもしれません。**

でも、誘ってみなければ絶対にOKはもらえません。

まずは前向きに考えてエイッと誘ってみてください。

もし玉砕してしまったら、そのときは明るい感じのフォローを忘れずに。

イベントをチャンスに変えて、ぜひ復縁を前に前に進めてくださいね。

そして、OKだったときの対応、ノーだったときの対応をしっかり考えて、あせらずお誘いできるよう準備してみてください。

きっと、ラッキーな結果があなたを待っています！

彼が他の女性を好きになってしまったら？

他に向いている愛情をこちらに向ける

ご相談を担当していると、「彼に好きな人ができた」という事態に遭遇することがあります。

もともと他に好きな人ができたという理由で別れている場合は、それが前提で復縁を考えているので冷静に対処できますが、途中で彼に新しい恋人がいると発覚した場合はあせります。

自分だけが取り残されたような気持ちになったり、もう自分はいらないのかという悲しみに襲われたり。

気が動転してしまうのもよくわかります。

ただ、大前提として考えておいていただきたいのは、「彼に恋をする準備ができているだけラッキー」ということ。

お付き合いがしんどかったせいで、彼が「しばらく恋愛はいいや……」となってしまっているケースも多いです。

そうなると、恋愛自体が面倒になっているので、彼にまた「恋をしたい」という気持ちになってもらうところからのスタートになります。

恋心に火をつけることほど面倒なことはありません。

しかし、**彼が恋愛の真っ最中であれば、恋愛と距離を置きたいという気持ちがないため、比較的対応しやすい状態ではあります。**

いまは恋人に向けられている愛情をあなたに向けさせるだけのことです。

自信を持たないとうまくいかない

とはいえ、あなたにとっては、いまの彼女と彼の仲がとても堅いものに見えるのではありませんか？

もしかしたら自分が入る隙なんてないのではないか、そう思っているかもしれませんね。私もよく、

「美男美女のカップルだし、自分は彼に釣り合わない……」

「新しい彼女はとても可愛くて優しいから、嫌いになんてならないかも」

「とても仲がよさそうで、うまくいかない原因が見当たらない」

などなど、自信を喪失している声を聞きます。

たしかに、あなたが**そう思っている間は、おそらくうまくいかないでしょう。**

厳しい言い方かもしれませんが、いまの彼女と自分をくらべること自体が間違っています。

あなたには、あなただけのよさがあります。

そして、彼はそれを知っているからこそ、あなたとお付き合いをしていたのですよね。

どう見てもいまの彼女のほうが素敵に見えたとしても、それはあなたの自信のなさがそう思わせているだけです。

逆に、いまの彼女があなたを見たならどう思うでしょうか？

おそらく、「こんなステキな彼女がいたんだ……」と不安に思うでしょう。

どうぞ、まずは卑屈にならず、負けないぞ！　くらいの強い気持ちを持ってくださいね。

無意味に連絡を取ろうとはしないこと

それから、連絡の取り方にも注意をしてみてください。

もし、あなたが彼とお付き合いをしているときに、元カレから連絡が来たらどう思いますか？

たまに「元気？」と来る程度であれば問題ないかもしれませんが、頻繁に連絡が来たなら……。

ときには彼と会っている最中に元カレから連絡が来て、彼に怪訝《けげん》な顔をされることもあるかもしれません。

もしあなたがそんな状況に置かれたなら、元カレを面倒に感じると思います。

「もう別れたんだから、意味もなく連絡しないでよ」と思いませんか？

ですから、連絡の頻度には気をつけてください。

無意味にメールやラインを送りつづけることは避けたほうがいいでしょう。

また、どんな連絡であれば気楽に返そうと思いますか？

別れてその気がないのに「まだ好きなんだ」とか「もう一度考え直してくれ」とすがられたらどうでしょうか。

おそらく、もうその気はないということを何度も伝えようとしてしまいますよね。

もしくは伝えることすら面倒で放っておくか。

そう考えると、不安から彼にどんどん連絡をすることは間違っているということがよくわかっていただけると思います。

無意味に、頻繁に、連絡を取ろうとしないこと。

隙のないカップルなんて存在しない

なんだかもう、チャンスがないように感じてしまうかもしれませんが、決してそんなことはありません。

あなたと彼だって、幸せいっぱいのお付き合いをしていたはずなのにいまの状態があるのです。


どんなに理想的に見えるカップルでも順風満帆とはかぎりません。

あなたはいま、ふたりに隙なんてなくて、どうしようもないと感じているかもしれませんが、大丈夫です。

恋人同士でも別々の人間ですから、意見が衝突することもありますし、顔も見たくないと思うこともあるものです。

そんなときに、あなたがそばにいたなら。

彼があなたに寄ってくる可能性は十分にあると思います。

その状況をつくりだすことだって、可能です。


まずは冷静に。

落ち着いて、復縁までの道筋を立ててみてください。

あなたにも、まだまだ可能性はありますし、これまでにも多くの方がこうした状況下から復縁をしています。

チャンスがあると思えたなら、第2章を参考にゆっくり距離を縮めていきましょう。

「都合のいい関係」から本命になる方法

そのままでは復縁できない

よくあるのですが、別れた後あなたが彼との関係を断ち切れず、彼女でもないのになんとなく体の関係が続いてしまうケース。

彼も、あなたの好意がわかっているからこそ多少のワガママは許されるという甘えがあるので、とくにあなたを拒絶しません。

こうなると、**ズルズルと曖昧な関係が続いてしまい、あなた自身が自分のことを情けなく感じてしまう**と思うのです。

どうせなら本命の彼女になりたいですよね。

ですから、いまの関係をよしとするのではなく、ぜひもう一度本命の彼女に返り咲いていただきたいと思います。

まず、都合のいい相手と見られるには次の3つのケースがあります。

①彼があなたに同情をして、スッパリ切れないでいる
②彼があなたの好意を感じるため、甘えて自由にふるまっている
③まだあなたを好きで離れられないけど、付き合うまでの決心がつかない

たいていは②のケースでご相談をいただくのですが、ご自分でどのケースかわからない場合は、見極め方を知っておいてください。

③の場合は、彼はあなたを適当に扱えません。

おそらく、あなたの要望もきちんと聞いてくれているでしょう。

①の場合は、彼が徐々に距離を取ろうとしていきます。もうひとつこのケースの特徴として、**あなたから連絡をしなければ連絡が来ません。**

一度、友だちにもどったほうが復縁しやすい

それぞれの対策をお伝えします。

①の場合は、同情からあなたに付き合ってくれているので、徐々に連絡が減って

いきます。

これを防止するためにも、**あなた自身が「もう大丈夫」と彼に伝える必要があります。**

もともと同情とはいえ、あなたを切れないほど彼はあなたのことを大切に思っていますし、元気になってほしいと思っています。

ですから、あなたが彼のことを割り切った素振りを見せれば、むしろいままよりも関係はよくなるでしょう。

彼は安心してあなたに笑顔を見せることができるからです。

勇気を出して、彼と友だちにもどってみてください。

それだけで、彼はどんどんあなたの魅力を再発見していくでしょう。

復縁も近づいてくると思います。

②の場合は、ちょっと厄介です。

あなたの意志の固さが今後を左右するでしょう。

あなたの**本命への道の第一歩は、彼にノーを言うこと**です。

「彼の言うことを聞いていれば復縁できるかも……」とがんばっている方、要注意です。

いつも彼の都合を優先させていても、残念ながらワガママがエスカレートしていくばかりです。

私はこれまで、このケースでの復縁にも数多く関わってきましたが、**言われるがままの女性は、彼にとって便利には思えても魅力的には感じられません。**

そのままでは復縁はできないと考えておいてください。

まずは、彼に対して断る勇気を持ってください。

それだけでも、あなたの存在が少し遠く感じられて、あせると思います。

そのあせりに気づいた彼は、そこではじめてあなたの大切さに気づくでしょう。

第2章の「『あなたと復縁したい！』と思わせるには？」でもお伝えしましたね。

あなたに大切なのは、彼に喪失感を与えることです。

③の場合は、あせらずいきましょう。

彼はいまもあなたのことを好きなのです。

ただ、別れの原因になった部分が解決できていないので、もう一歩踏み込めないでいるのです。

ここで復縁を迫っても、彼はイエスとは言えないでしょう。

ですから、ゆっくり、おふたりの別れの原因になった問題点を解決していくことが大切です。

別れた原因があなたの束縛であるのなら、彼のことを逐一聞いたりはせず、いつも笑顔で彼に接してみるとか。

問題さえ解決できれば、彼もあなたとのお付き合いをまた考えるようになります。

「簡単に手に入るもの」は値打ちが感じられない

たしかに彼のことも大事だと思いますが、あなたにいちばん必要なのは、もっと自分を大事にすることです。

彼最優先の生活から、あなた自身を最優先にする生活にシフトしてみてください。

難しいと思います。

いま、連絡も取れるし会うこともできるのに、あえて距離を置いてみてと言うと、鬼のように思われるかもしれません。

しかし、それが復縁への近道です。

街頭で配られているティッシュのことを考えてみてください。

日常生活では必需品なのに、タダでいつでももらえるとなると、受け取らないですよね。

お店では価値を感じてお金を出して買うものなのに、街頭のティッシュにはなんとなく価値を感じません。

あなたも、**いつでも気軽に遊べる関係でいるうちは、彼にとって値打ちのある存在にはなれない**のです。

まずはあなた自身の価値を回復することが大切です。

そのためにも、彼に振り回されていてはいけません。

勇気が必要ですが、ぜひあなたの価値回復のためにがんばってください。

着信拒否をされても復活できる方法

なぜ彼は連絡を取りたくないのか

あなたは彼と連絡が取れますか？

彼から返信がないにしても、あなたのメッセージは彼に届いていますか？

なかには着信拒否やブロックをされてしまった方もいるかもしれませんね。

そのような方は、おそらく別れ際にかなり反発をして、彼に面倒に思われた可能性が高いです。

なんとか連絡を取ろうとして、公衆電話や友人の携帯を借りて彼に電話をされたりする方もいますが、それでは火に油を注ぐだけです。

むしろ、そこまで必死になるあなたに、彼は引いてしまうと思います。

絶対に、**強引に連絡を取ろうとはしないでください。**

復縁にかぎらず、恋愛は相手ありきのことです。ひとりでは恋愛はできません。ですから、何よりも相手の気持ちを尊重することが大切です。

彼が着信拒否をした理由は何でしょうか？

あなたには答えがわかっていると思うのです。

辛いことではありますが、いまはあなたと連絡を取りたくないからですよね。

その彼の気持ちを考えると、いまあなたがなんとか連絡を取ろうとすることは、はたして正しい行動でしょうか？

時間をかければ大丈夫

そこまで嫌われると、もう復縁の可能性がない……と思うかもしれません。

しかし、**人の気持ちは振り子と同じ**です。

振り子は大きく左に揺れたなら、その分大きく右に揺れるものです。

つまり、彼はいまあなたを嫌いになっているかもしれませんが、後に大きな愛情を取り戻す方向に揺れる可能性も高いです。

女性は別れた後、危害を加えられると面倒、という気持ちから着信拒否にしてしまうことがよくありますが、そういうふうに考える男性は稀です。

きっとあなたの彼は、気持ちの揺れ幅が大きいのでしょう。

ふつうなら嫌だと思えば、無視を決め込めばいいだけのことです。

しかし、**あからさまな拒否をするということは、それだけ感情豊かな男性なのでしょう。**

ゆっくり、時間をかけていけば大きな愛情を取り戻すこともできると思います。

そのためには、いま無理に連絡を取ろうとしないこと。

そのうえで、今後の作戦をお伝えします。


1・番号変更、アドレス・アカウント変更の連絡を利用しましょう

連絡先が変われば、メールやラインも届きますし、電話もつながります。

そして、その連絡は必ず一斉送信にすること。彼にだけ個別に送ると警戒心を煽ります。**面倒ですが、変えてみましょう。**

また、拒否されてからすぐに変更をしないこと。

最低でも3カ月以上期間をあけたほうがいいです。

もし一斉送信にもかかわらず彼から返信があれば、かなり脈アリと考えてください。

逆に何も反応がないようであれば、そこから1カ月ほど時間をおいて、今度は彼に個別の連絡をしてみましょう。

文面は、明るく軽い内容が望ましいです。

たとえば「久しぶり！　元気にしてる？　前はゴチャゴチャとごめんね。私も反省していまはいい思い出になりました（笑）。相変わらず仕事は忙しいの？」という感じで、**立ち直って元気にしている様子を伝えたうえで、近況を聞いてみる**といいでしょう。

くれぐれも短い文章で、彼の警戒心が少しでも薄れるように未練のない感じでメッセージを送ってみてください。

2・共通の友だちがいればお願いしましょう

もし彼とあなたに、共通の友人、知人がいるのであれば、その方を介して彼の警戒心を解いていくことも可能です。

彼はあなたに復縁を持ちかけられることを警戒しているので、**共通の知人に、もう未練のないことを伝えてもらえば、彼の警戒心も徐々に軽減していきます。**

着信拒否をされたところから復縁したという話もよくお聞きします。

先に書いたように、彼の感情の揺れ幅が大きいので、少しプラスの方向に彼の気持ちが傾いたなら、一気に距離が縮まることも多いからでしょう。

可能性がないと落ち込まず、いまアレコレ策を練るのではなく、今後の準備をしていきましょう。

チャンスはまだまだあると思います。

誘いをかわされてしまったときは？

会ってもらえない理由は？

メールやラインのやりとりも順調にできてくると、次はお会いするレベルに進みます（第2章で説明した「レベル2」です）。

ところが、オンラインでは楽しくやりとりできるのに、会う話はなぜか前に進まないという状況になる方も多いです。

これは、いくつか原因が考えられます。

①新しい彼女がいるため、ふたりで会うのはちょっと……と思っている
②忙しくてなかなかスケジュール調整ができない
③誘い方の問題でうまくいかない

①の場合は、あせらず彼とメールやライン、電話で親睦を深めていきましょう。彼も彼女がいる身であなたに会うのは罪悪感があると思います。
また、そのように彼女に義理立てできる男性は誠実でステキだと思います。そのくらい誠実な男性が、あなたとの連絡を拒まないのですから、あせる必要はまったくありません。

ゆっくりあなたのよさを伝えていけば、彼の気持ちは動くと思います。

もしくは、ふたりきりで会うことにこだわらず、複数で会う企画を立ててもよいでしょう。

お互いの知り合いをまじえて何か企画してみてください。

飲み会でもバーベキューでも何でもかまいません。

スポーツでもいいでしょう。

みんなで会うということであれば彼も気楽でしょうし、そこであなたがアピールをすれば、彼が受ける印象もよくなると思います。

②の場合は、**日程の提案方法を変えるだけで会えることが多い**です。
もしかして、とても曖昧な日程を提示しているか、代替案のない提示をしていま

せんか？

たとえば「今月中に会えない？」と聞くと、日程に幅がありすぎてかえって決めにくいです。

逆に「明日会えない？」などとピンポイントで日にちを指定しても、忙しい人はスケジュールの調整がききません。

ですから、そんなときは「今週か来週の土日、どちらか空いてない？」という感じでいくつか候補を挙げて選んでもらうとよいでしょう。

ある程度決まっているので彼も選びやすいですし、それでノーであればまた他の提案をすればいいだけです。

「また今度」と言われたら？

では③ですが、ここでいちばんお伝えしたいのがこのケースです。

先ほどの日程の提案の仕方もそうですが、誘い方がうまくないことで、なんとなくかわされてしまう人が多くいます。

たとえばよく、「また今度」と言われたときに、落ち込んでしまい「そうね。また今度」と終わってしまうケースがあります。

できれば前に進めたいところなので、**行く前提でどんどん話を進めてみましょう。**

あなた：今月の週末どこかで飲みにでも行かない？
相手　：ああ、いいね。じゃ、また今度ね。
あなた：やったー！　あなたと飲むのって久々だよね（笑）。私は今週以外なら空いてるよ。あなたは？
相手　：まだよくわからないなぁ。
あなた：じゃ、とりあえず来週にしておこう！　無理なら言ってね。

このように、軽いノリで話を進めてしまうと、案外スムーズに会えることも多いです。
もしくは、思い切って彼に突っ込んでみてもいいでしょう。

あなた：今月の週末どこかで飲みにでも行かない？
相手　：ああ、いいね。じゃ、また今度ね。
あなた：なんか、いつもまた今度ね、じゃない（笑）。忙しいから無理は言わないけどさ。もしかして彼女に何か言われるとか？
相手：いや、そんなんじゃないよ（笑）。
あなた：よかった〜。迷惑かけたくないから、ハッキリ言ってね。

彼がなぜ結論を先延ばしにするのか、このようにサクッと聞いてしまうことで不安がひとつ減ると思うのです。

「もしかしたら、彼女がいるから？」「私と行きたくないから？」そんな不安を悶々と抱えているよりは、明るく冗談ぽく聞いてしまうことで、スッキリすることも多いです。

「んなわけねーじゃん（笑）」とか「あはは、全然違うよ」というリアクションになることが多いです。

あなたが思っているほど、避けたいとか悪意があって先延ばしにしているのではないということがよくわかります。

「彼女に悪い」と言われたら？

会う話を振ってみて、彼が「それいいね！」などと乗り気の姿勢を見せたなら、すかさず具体的な日にちを決めて誘ってしまうこと。

思い切って「いつなら行けるの？」と聞いてみてもいいでしょう。

また、このようなやりとりをすると、彼から「やっぱ、ふたりきりは彼女に悪いし……」という話が出ることもあるでしょう。

ついガーンとなってしまいますが、落ち込んでいる場合ではありません。

明るく「彼女できたんだ！　そんなふうに思いやれるところがあなたの優しさだよね。それは誘った私が悪かった（笑）。ちなみに、どんな人？　私の直感では年上かと……（笑）」という感じで「まったく気にしていない」と伝わるようにがんばってください。

サクッと頭を切り替えて、彼女の情報収集に徹したほうが今後のためになります。

もし、いきなり誘うのは勇気が出ないという方は、最初の一歩は社交辞令的なものでもかまいません。

たとえば「今度久々に飲みに行きたいね～」などと明るく伝えてみて、彼が「そうだね」と答えるようであれば、また日を改めてきちんと誘ってみてください。

ここで彼が「いや、そういうのはパス」などと答えるようであれば、まだ誘うには時期尚早だとわかります。

いずれにせよ、**「かわされた」と感じてしまうのは、あなたが不安だから**です。

彼はそこまで考えずに、なんとなく答えていることが多いです。

誘い方次第ではＯＫをくれることもあるので、少し気をつけて誘ってみてください。

この一歩が大きな一歩になると思います。

第４章

３万人の事例からわかった成功法則

年齢差のあるカップルの復縁方法

この章では、私がこれまでに担当させていただいた数々のご相談の中から特徴的なものをいくつか挙げ、復縁までの経緯を書いていきます。

私の復縁ノウハウはこうした本物の事例の中から得られています。

ですから、この復縁事例の中には、復縁のヒントがたくさん詰まっています。

ぜひ参考になさってください。

年下の彼が突然変わった

女性も男性も30歳を過ぎると、結婚を視野に入れたお付き合いをなさる傾向が強いと思います。

それは、年齢を考えるとごく自然なことでしょうし、やはりいい加減なお付き合いを好む方も少なくなってきているという証拠なのでしょう。

まずは、そんな女性の復縁事例です。


ここでご紹介するKさん（31歳）とお付き合いをされていた彼は、23歳でした。

年齢差はあるものの、Kさんのチャーミングな性格と彼の穏やかな性格はとても相性がよく、ふたりとも結婚を意識してお付き合いをしていました。

お付き合いをはじめて半年が経ったころ、Kさんはなんとなく彼の態度がおかしくなったことに気づき、問いただしました。

彼はしばらく「なんでもないよ」と困った顔で言っていましたが、**徐々にメールの返信が遅くなり、電話をかけてもすぐに取ってくれないことが増えてきました。**

やはりおかしいと思ったKさんは、再度彼に聞きました。

もともと年上であることを強く意識していたKさんですから、責めるような口調ではなく、ただ彼に質問をしているという感じで聞きました。


すると、彼がボロボロと泣いたのです。

泣きながら彼は「別れたい」と言いました。

Kさんはショックでしたが、それよりも彼が泣くほど思いつめていたことが驚きで、とりあえず冷静になってほしいと思い、また話し合いをするという約束をしてその日は別れました。

次の日に、会う約束の日程を決めようと、Kさんは彼に連絡をしたのですが、彼の応答はありません。

「まだ落ち着かないのかな」と思ったKさんはそれから3日ほど待ってみましたが、やはり彼からの連絡はありませんでした。

これまで本当に仲がよかったふたりですから、3日も連絡がないということは尋常ではないと、さすがのKさんもあせりはじめました。

彼に何度も連絡をするようにというメールを送り、留守電にもメッセージを残しました。

最初は穏やかだったKさんも、徐々に怒りがこみあげてきて「私とは遊びだったのか」「こんないい加減な対応をされるのは初めてだ」などと怒り口調になりました。

2週間ほどして、やっと彼からメールが来ました。

「やっぱり、話し合っても俺の気持ちは変わらないし、お互いに辛くなるだけだから、このまま別れてください」

という内容でした。

冷静さを失ったKさんは、彼の職場にも行きましたが、彼は「迷惑なので……」というだけで、話し合いには応じてくれません。

困り果てたKさんは、私のところにご相談くださいました。

彼が「別れたい」と思った理由

最初は彼の気持ちがまったく理解できない、自分たちは本当に仲がよかったという内容で、別れた原因も自分の反省点も何もわからないという状態でした。

たしかに、Kさんの話をうかがっていると、いつも彼を温かく包み込むようなお付き合いをされており、Kさんには非の打ち所がないように思えました。

ひょっとして、彼はとても身勝手でいい加減なのではないかと思い、Kさんに尋ねてみたのですが、Kさんはそんなことはないと言います。

完璧なふたりが別れるのであれば、他に女性の影があったのではないかと尋ねてみました。

それに対してもKさんは、「まったくないかはわからないが、少なくとも最後に会社に会いに行ったときは、他に好きな人ができたの？　という質問に、それは違うと真剣に答えていた。嘘ではないことはわかる」とのこと。

そこで少々視点を変えて、もうおふたりのお付き合いについて聞いてみました。

彼はいつも穏やかだったとのことですが、年齢差もあります。

結婚に対して義務感を感じていなかったか、年上のＫさんに気を使って、男らしく振る舞えないことに不満はなかったか。

すると、Ｋさんは冷静に振り返ってくださり、

「たしかに言われてみると、結婚の話をするときにはいつも将来の不安を話していました。自分で大丈夫なのか、自分には家庭を守れるほどの甲《か》斐性《いしょう》があるのか。ただ、私は彼に自信を持ってもらおうと、明るく、大丈夫だよ、○○（彼の名前）ならやれるよ。私も協力するし。不安なんてないよ、と伝えていました。年下だからまだわからないことも多いだろうと、彼の意見を軽んじていたかもしれません」

というお答えをくださいました。

彼に失敗や不安について相談する

ここがポイントになるかなと思い、Ｋさんには、彼に**もう少し甘えてみるように**伝えました。

未練がましくなると、彼も困って距離を置こうとすると思ったので、恋愛のことには触れず、彼に何か質問をし、彼が男性としてのプライドを取り戻してくれるような会話を心がけてもらいました。

当然、関係がこじれていたので、すぐには連絡に応じてくれませんでしたが、少しずつコンタクトを取っていくことで、徐々にメールも続くようになりました。

彼に甘えるといっても、ピンと来ない方もいらっしゃるかもしれませんが、このときは、防犯についてや仕事での失敗談など、情けない部分や女性らしい部分が見えるような内容にしてもらいました。

案の定、**彼はＫさんが困っていることに対しては応対をしてくれました。**

別れ際に見せた涙のこともありますし、私は、彼はＫさんのことを嫌いで別れるわけではないだろうと感じていました。

そこで、お互い冷静にさえなればコンタクトは取りやすいだろうと踏んでいました。

とはいえ、普段は安らぎを与えてくれるはずのKさんが最後に見せた、彼を追い詰める様子は、復縁にとって少々マイナスでした。

なので、進展には時間がかかりましたが、最終的にはKさんは復縁をされました。


彼との別れの原因を聞くと、Kさんは優しくて自分の理想の女性だったが、結婚まで時間がないことで、自分に自信が持てなかった。あわせて、いつもお姉さん的な目線で話を聞いてくれるのはうれしかったが、同僚に相談をすると「オレもわかるよ」と聞いてくれたことで、そうやって一緒に悩んでもらえるほうがうれしいことに気づいた。

すると急にKさんの対応が許せなくなってきた、とのことでした。

ですから、復縁に向けて**Kさんが彼を頼ったときには、初めて自分がKさんの役に立てるような気がしてうれしかった**ようです。

そのことがきっかけで、Kさんを見る目が変わったようでした。

年齢差のあるカップルでは、年上の方からのご相談が多いです。

状況を拝見していると、Kさんのように**年齢を意識するあまり、同じ目線で会話**

をできなくなったことが問題になっているケースがよくあります。

もしあなたが年齢差のある恋人と復縁を考えているのであれば、少し振り返ってみてください。

Kさんのように、少し相手を頼ってみると、案外復縁は叶うのではないかと思います。

自分から振った場合の復縁方法

「振った側からの復縁」3つの問題

本書は振られた状況を前提として書かれていますが、「自分から振ったけど思い直して復縁しようとしたら、断られてしまった」という方も多いです。

振られた側の人には頭に置いておいてほしいのですが、このように、振った側も別れた後に「失敗したなぁ」とか「別れなきゃよかった」と思っていることは少なくないのです。

ここでは、自分から彼を振って、その後復縁を申し出たケースについてご説明します。

たとえば、復縁を申し出たものの、そのときはすでに彼には新しい恋人がいたり、他に好きな人ができていたりして、「いまさら無理です」と断られてしまった場合など。

あなたがもし該当するのであれば、ここは必ず押さえておいてください。

この「自分から振ったけど復縁したい」というケースでの問題は3点あります。

①相手は裏切られたという気持ちが強い
②辛い失恋を乗り越えたのにいまさら都合がよすぎると思われる
③振った側は簡単に復縁ができると思っている

まず③についてですが、あなたは自分から振ったので、彼はまだ自分に気があるのではないかと思っています。好きまではいかずとも、悪く思ってはいないだろうという気持ちが心の片隅にあります。

というのも、あくまでも関係を終わらせたのは自分であり、自分がふたりの関係を決定できると勘違いしているからです。

しかし、実際は①、②のように、**相手の気持ちは離れています。**

そのことをわからないままとりあえず押してみようとすると、よけいに嫌われることも考えられますよね。

彼はあなたに突然捨てられたことで、裏切られた気持ちも大きいです。

つまり、**あなたの信用はなくなっていると考えてください。**

ですので、自分が振ったからといって簡単に考えてはならないと思うのです。

まずは素直に謝ることから

では、このようなケースでは、まず何をすべきなのか。

何よりも大切なのは、いきなり復縁を迫らないこと。

まずは気軽な異性の友だちという雰囲気で、距離を縮めていくことが大切です。

ただ、振られたことを根に持っている場合は、なかなか受け入れてくれません。

まずは「自分が間違っていた」ということを謝罪しておくとよいでしょう。

その際には「謝罪をする＝復縁の申し出」にならないように。

「あのときは自分のことしか考えてなくて、ひどいことをしたなぁと思う。ゴメンね。とても反省していて、次の恋人はもっと大切にしようと思ってる。○○（彼の名前）にも幸せになってほしいな。勝手だけど（笑）」

というように、復縁を迫る気のないことを明るく伝えておいたほうがいいでしょう。

基本的に別れのことに触れるのは好ましくないのですが、この場合は**「自分が間違っていた」と伝えることで彼の優位性が確立されます。**

つまり、振られて気分の悪かった彼も、多少気分をよくしてくれます。「ホラ見たことか」という感じです。

また彼には、せっかく立ち直ったので、もう心を掻き乱されたくないという気持ちもあると思います。

復縁の気がないことを伝えることで、彼のその警戒心を解くこともできるでしょう。

異性の話題は持ち出さない

それから、あなたが振ってしまったので、彼はあなたへの不信感を持っています。距離が縮まるにしたがって、彼はあなたとの復縁を考えるようになりますが、そのたびに振られたころの記憶がよみがえってきます。

とくに、あなたに好きな人ができて別れたというケースでは、彼の不信感は強いので、あなたへの気持ちにセーブがかかることも予想されます。

なので連絡を取っていく段階でも、異性の話題は持ち出さないほうがいいでしょう。あなたがひとりでいることを知れば、彼の気持ちも安らかになると思います。

ただ、このケースでは、**ひとりになったからまたもどろうとしていると思われることも避けなくてはいけません。**

そんな都合のいい話には乗らない、と思われてしまっては意味がないので、くれぐれもあせって復縁を持ちかけたりしないように。

いずれにせよ、自分から振って別れた場合には、自分の都合のいいように考えて動いてしまいがちです。

彼の気持ちを考えながら、**あせらずに距離を縮めていくことが大切**です。

ポイントは信頼回復と、警戒心を持たれないように彼の気持ちを考えていくこと。

お互いに大好きだった相手です。

そのようなことさえ押さえていれば、彼もまたあなたのことを大好きになってくれるでしょう。

揺れる彼を射止めるには？

「最後の一歩」の詰め方

復縁も大詰めになってくると、彼を追い込まず、それでいてうまく復縁の方向にうながすことが必要になってきます。

いい感じになればなるほど、失敗したくないという気持ちからあせってしまうこともあるでしょう。

なので、ここではそんな**締めの段階でのポイント**をお伝えしたいと思います。

ここでご紹介するSさんは、元カレとの復縁を考えていましたが、彼には新しい彼女がいたため、まずは友だちとして楽しく連絡の取れる状態になることを第一目標に置いていていました。

そのうち、徐々に彼も打ち解けはじめ、連絡も頻繁になってきました。ときには彼のほうから連絡が来ることもありました。

優しいSさんに、彼も徐々に別れたときのわだかまりや、しつこくされたことへの警戒心なども解けはじめました。

同時に、いまの彼女との距離が開いてきました。

Sさんとくらべると、いまの彼女は優しさが足りず、物足りなく感じはじめたのです。

そのことをSさんに相談することもありました。

Sさんは、徐々に自分と彼の仲がいい方向に向かっていると感じるようになりました。

しかし、彼は彼女のグチはこぼしても、別れるというところまではいきませんでした。

Sさんは、自分の魅力が足りないのか、自分のどこが至らないのか、**これからどうすれば彼は彼女と別れて自分のところへ飛び込んできてくれるのか**、など思い悩んでいました。

Sさん曰く「彼は自分のことを妹のように思っているのではないか。もしくは都合のいい女友だち程度か。どうすれば女性として見てもらえるのかわからない」とこぼしていらっしゃいました。

「付き合って」ではなく、「いいと思っている」と伝える

そこで私はまず、彼に対して好意があるとわかるようにしてもらおうと思いました。

いきなり「付き合って」ではなく、「いいと思ってるよ」程度を伝えてもらいます。というのも、彼に好意を表明すれば、彼はSさんをもっと意識すると思ったからです。

彼も薄々は気づいているかもしれません。

そして、**Sさんの気持ちに気づきながら、あえて避けたりはしないということは、彼もまんざらではないということ**です。

つまり、心のどこかではSさんの気持ちに応える可能性もある、ということを彼は感じているのだと思います。

そうはいっても、いまの彼女とも別れがたい……そんな感じで様子見を続けているのでしょう。

なので、そこでSさんが好意を表すことによって、彼の想像が確信に変わると思

いました。

その後、彼からの連絡が減るようであれば、しばらく身を引いたほうがいいと思っていましたが、予想通り、彼からの連絡は前よりも頻繁になりました。

この段階で、**あなたならどう思いますか?**

「告白をして押せばいいんじゃないか」と思いましたか?

じつはSさん、彼のあまりの連絡の頻度にすっかり自信を回復し、彼に復縁を迫ってしまいました。

しかし彼の答えは「考えさせて」とのこと。

イエスの返事はもらえませんでした。

なぜでしょうか?

それはSさんが「やり直そうよ。いまの彼女と別れてさ。きっと今度はうまくいくよ」と彼に伝えたからです。おわかりでしょうか?

ここで問題なのは、彼の気持ちを確認せずに押してしまった、ということ。

彼も少なからず復縁の可能性を感じてもいたのですが、このように**押されるとつ**

い慎重になってしまいます。

さらに、考えさせてという彼に対して、「いつまで？」「断るならハッキリ言ってよ」など、追い討ちをかけるようなことを言ってしまいました。

せっかくここまで、あせらずにということを第一に心がけて、彼の縁の下の力持ちとしてがんばってきたというのに、これでは水の泡です。

案の定、１週間後に彼から「やっぱり、もう少しいまの関係がいい」と言われてしまいました。

失うか付き合うかの二択で選んでもらう

さて、ではどうすればよかったのでしょうか？

答えは、

「あくまでも彼の意思にゆだねる潔さを見せること」

が大切なのです。

Sさんは再度、時間をかけながら告白前の雰囲気までもどしました。

その際、今度は次のことに気をつけてもらいました。

自分の好意は伝えるけれど、あくまでも選択をするのは彼。自分はその選択にしたがう、彼が自分を選ばなければ去る、という姿勢を見せること。

そのことによって、彼には「失う or 付き合う」という選択肢しかなくなります。

前回の彼の返事のように、付き合わないけれど仲よく、なんて曖昧な答えが出せなくなるのです。

ここで初めて彼は真剣にあなたのことを考えます。

本当に失ってしまってもいいのか、いまの彼女と元カノと、どちらといると自分は満たされるのか……。

すると、失うと辛いという気持ちがつい先立ちます。

そこで彼は断ることができなくなるのです。

優柔不断だった気持ちに、結論を出すことができるのです。

Sさんはこの堂々とした態度を見せることによって、彼に選ばれました。

この告白前後の微妙な関係は、下手をするとズルズルと曖昧なまま続きがちです。

ところで、このときに彼にノーと言われてしまったなら?

そのときは、時期尚早だったと反省をして潔く身を引きましょう。サクッと身を引く態度を見せれば、今後も彼とは連絡が取れますし、チャンスはまだまだあります。

また、ここで身を引いた後に彼から「やっぱり……」と、付き合ってほしいと言われるケースも多いです。

なので、**揺れている彼を射止めようと思うのであれば、引いてみて「どうぞご自由に選んでください」という態度のほうがいい場合もあります。**

自信が持てるようになれば、ゴールは近い

Sさんは見事、彼から「考えたけど、やり直してほしい」という言葉をもらいました。

一度はあせりから失敗したSさんですが、きちんと軌道修正ができたのです。

ただ、これを実行するには、本当に自分に自信がなくてはできません。

あなたも想像してみてほしいのですが、いまは連絡もままならない彼とようやくいい雰囲気になり、彼から連絡が来たり会ったりできるようになったら？

Sさんのように結論をあせってしまいませんか？

あえて突き放すことはできますか？

すがることはあっても、突き放すなんてとんでもない！　と思うでしょう。

それまでの接し方や関係の築き方、自己改革などによって、あなたが彼にとって、より魅力的になっている必要があります。

そうした経緯があって初めてあなたも自信を持って「選んで」と言えるわけですし、そうであればこそ、彼も気持ちが揺れると思うのです。

その場合はゴールも近いです。

あせらず、こんなチャンスほど堂々と、逆に彼をあせらせるくらいの気持ちを持ちましょう！

すっかり友だちの彼がもう一度あなたに恋をするには？

連絡は取れるけど、進展はしないというあなたへ

あなたは彼と連絡がうまく取れるでしょうか？

まったく連絡が取れないというわけではないけれど、なかなか距離が縮まらないという方も多いのではないでしょうか。

ここでは、一定の距離を保ったまま膠着《こうちゃく》状態になり、そこからうまく先へ進めることで復縁した方の事例をご紹介します。


Sさんと彼は1年ほど前に別れました。もともと同じグループで遊び仲間だったので、その後も用事があれば連絡を取ったり、皆で遊んだりしていました。Sさんはとくに復縁を意識することもなく、他の男性とお付き合いをしたこともありました。彼にも新しい彼女がいて、ときどき話題にもなっていました。

ところが、彼が彼女と別れたという話を聞いたところから、Sさんの気持ちがざわつきはじめました。これまでは気にしていなかったのですが、もしかしたらいまなら……という気持ちから、急に復縁したい思いが湧きはじめたのです。

ですが、それまではとくに意識せず友だちとして接していたのに、自分の気持ちに気づいた途端、急に彼にどう接したらよいのかわからなくなりました。彼は変わらず友人として接してくれていたようですが、Sさんの対応が変わってしまいました。

彼に対して意味もなく連絡をしてしまったり、みんなの前で恥ずかしくてひどい対応をしてしまったり。友人として築き上げてきた関係まで壊れてしまい、どうすればよいのかわからなくなってご相談をいただきました。

温度差を感じさせないことがポイント

このご相談を拝見して、まず感じたことは、おそらく彼はSさんの気持ちは知らないので、どうしたのかなと思われてしまっているということ。そして、Sさんの印象が悪くなっているということでした。グループの雰囲気も悪くなり、もともとふたりの関係を知っている友人からは呆れられている状態でした。

ですから、まずはこの問題を解決しなくてはなりません。Ｓさんの印象を回復させるためには、**いい印象で上塗りしていかなくてはなりません**。ですので、彼にはしばらく連絡をしないこと。グループの集まりにはしばらく参加しないこと。仲間内のライングループ内でも、友だちとして割り切った対応をすることをアドバイスしました。変に彼に絡んだり、彼のトークに過剰に反応するのはＮＧです。

その代わり、親しい友人にだけ「じつは仕事でいろいろあって、彼に八つ当たりしてしまった。最低だと思って反省したからしばらく行かない」と打ち明けておきました。

実情は少し違いますが、友人は納得したようで、そのことをグループ内で共有したようでした。すると彼から、「オレに八つ当たりってどういうこと（笑）」とラインが来たそうです。びっくりして、Ｓさんは話を合わせるためにちょうど悩んでいた社内でのゴタゴタを相談しました。彼はとても親身に話を聞いてくれて、あまり無理しすぎるなよと言ってくれました。

ですが、そのとき受けた印象では、彼には恋愛感情はなく、友人として対応しているという感じでした。そこで、**Ｓさんも徹底して友人として彼に接していく**ようにお伝えしました。やはり、友人だと思っている彼に対して、Sさんがもっと熱い対応をしてしまうと、彼はSさんの好意を感じるでしょう。そして、「いまはまだ気持ちに応えられない」と離れてしまう可能性があります。それだけは避けたいと思いました。

できれば、友人としてフラットに接していくなかで、少しずつSさんのよさが強く彼に伝わっていき、**気づいたらSさんの存在が頭ひとつ抜き出ていた**、という感覚がベストだと思いました。

会いたいと思ってもらった先に……

ラインは週に1回程度。それ以上はしないように心がけてもらいました。1回のやりとりをするのに、彼のレスポンスまでの時間を見つつ、早いようなら、こちらも早めに返す。遅いようなら、こちらもゆっくり返す、と合わせていきました。

そして内容も、**なるべく価値観が合うなと思ってもらえるような話を振っていきました。**彼は将来独立することを考えていたので、そのことを応援し、ビジョンや夢をたくさん聞くようにしました。とてもよいねとSさんは素直に感動して彼の夢をよく聞いていたようです。

地道な努力ですが、徐々に彼から他愛もない内容も来るようになってきました。そこで勇気を出して、ラインをしている最中に「よかったら飲みにでも行かない？」と誘ってみました。すると、以前はNOだった彼が「たまにはいいね」と返事をしてくれました！

膠着状態がやっと動いた瞬間でした。彼と会った後は楽しく会話をし、また会う約束をし別れました。最初はNOだった彼がなぜ、今回はOKしたのか？　それは、Sさんと話をすること、ラインのやりとりをすることが、楽しいと思いはじめていたからです。Sさんほど話の合う女性はなかなかいないよ、と彼はとてもうれしそうにいろいろ話をしてくれました。

まずは楽しいと思ってもらうこと、**会いたい、連絡をしたいと思ってもらうこと。それが起点になります。**そこから彼はふと気づくのです。「こんなにも会いたいと思うのは、好きだから？」と。

「会いたい」「話したい」が好きの第一歩

よく、復縁を考えている方から「どうすれば好きになってもらえますか？」と聞かれます。ですが、好きだという感情を認識する瞬間を考えてみると、答えはカンタンです。**会いたい、話したい、と思う感情を人は「好きなのかな？」と認識すると思うのです。**ということは、好きになってもらうために、まずは会いたい、話したいと思ってもらうこと。そのために、Sさんなら彼がいまいちばん話したい、将来のビジョンについての話をじっくり聞く、という作戦をとりました。

すると、彼はもっと話したいので、もっとSさんと話したいと思うでしょう。そこから自分の感情がもしかしたら好きだからなのかな、ということになっていったのだと思います。まずは友だちでもかまいません。温度差を感じさせなければ、相手も警戒しないのですから、そこから「会いたい」「話したい」と思ってもらえる対応を心がけてみましょう。その先にきっと、復縁が待っていると思います。

割り切ってしまった彼の気持ちを引き戻すには？

まずは現状を冷静に分析する

さてここで、少しあなたのいまの気持ちを整理させてください。

あなたの中では、恋人とのことは現在進行形だと思います。

「まだ終わらせたくない！」「もう一度振り向かせたい‼」そんな気持ちで、日々復縁するためにがんばっていらっしゃることでしょう。

しかし、彼の中では過去になっている……。

そのことを苦しく思うこともあるかもしれません。

ここでの事例のＴさんも同じ状態でした。

最初にご相談をくださったときの内容は、以下のようなものでした。


彼は完全に割り切ってるようで、もう過去のこと、という感じです。昔の話を振っても「あー、そんなこともあったねー」と流されてしまいます。彼の中では終わってしまってるので、もう復活はできないのでしょうか？

半年前に別れた彼と復縁をしたいということでしたが、彼が完全に割り切ってしまっている状態でした。

ラインをすれば返事は来ますし、電話でも楽しく話すことができます。

しかし、まるっきり友だちに対するような感じで、Tさんは涙していたようです。

早速、私は彼がこうなってしまう原因をいくつか挙げ、どれが該当するのかTさんに考えてもらいました。

①新しい彼女ができた
②意外と異性の友だちが多い
③これまでも元カノと連絡を取っていた

すると、Tさんからは②ではないかという返事がありました。

③の元カノと連絡を取るかどうかについては、付き合っていたころに聞いたことがなかったのでよくわからない、もしかしたら取っていたかもしれないが気づいてはいなかった、とのこと。

ここから考察するに、**彼は女性の友人が多く、元カノとも友だちとして割り切って楽しく接することができるのだろう**と思いました。

③の「元カノと連絡を取っていた」も、Tさんが気づかないだけで当てはまっていた可能性もなくはなさそうですが、Tさんが言うには、彼は決して遊び人とか軽いタイプではなく、お付き合いをする女性に対してはとても真剣で大切にしてくれる人とのことでした。

そう考えると、彼女がいるうちは彼女に悪いから……と元カノとは連絡を取らないと考えるのが自然です。すると、いまTさんに連絡を取っていることを考えると、①の「新しい彼女ができた」という可能性は消えます。

そこで、このときは②のケースで復縁を考えていくことにしました。

ここで大切になってくるのは「友だちと恋人の境目は彼にとってどこにあるのか？」という彼の判断基準です。

まずは、**「付き合っていた際、どのようなときに彼は喜んでくれたか？」**を考えてもらいました。

Tさんによると、付き合っていたときには家事をしたり、ちょっとした気遣い（疲れているときにさりげなく栄養ドリンクを持っていったり、手料理を振る舞ったり）をすることで、彼はとても喜んでくれたとのことでした。

となると、恋人と友だちの境目になるのは、そのあたりかもしれないと思いました。

Tさんに聞いてみると、案の定、お付き合いをはじめたきっかけは友人たちで行った飲み会でTさんが皿を配ったり気遣いをしていたのを彼が見たことが挙げられました。彼はそういったさりげない行為や女性らしい部分を感じると気持ちが揺れるようです。

そこで、別れの原因を見てみると、優しい彼に安心したTさんがワガママになったり、忙しさから外食が増えたりしたこともあるようでした。

彼の「ツボ」を見きわめる

このように、落ち着いて分析していくと彼のツボが見えてきます。

そこからどうすれば、もう一度彼の気持ちを再燃させられるかも見えてきます。

もうあなたにはおわかりだと思いますが、**Ｔさんの復縁までの道は、彼に対して気遣いを見せること、女性らしい外見や仕草を見せることにあります。**

そうすれば、いまは彼も「友だちとしてすでにキッチリ線引きができている」と思っていても、その線を崩すことができます。

そのためには、より一層彼のツボに当たる部分のＴさんの魅力をアピールしていくことが大切です。

彼は「もう友だちだから」と思っていても、気がついたらＴさんを好きになっていた、ということも十分ありえるのです。

Ｔさんはがんばって彼にコンタクトを取る際はいたわったり、落ち込んでいるときには笑えるようなネタを提供したりしました。

彼も最初は「友だちとして」普通にＴさんの好意を受け入れ、お礼を言うに過ぎませんでしたが、徐々に変わってきました。

Ｔさんの気遣いに対して「よく気がついたねー！」とか「本当に感謝してるよ」と心のこもった言葉をくれるようになりました。

これは、彼がＴさんのよさを再認識しはじめた兆候です。

もともと気遣いのできるTさんが、意識してその面を見せているのです。そんなTさんほど気遣いのできる女性がまわりにいることはあまりないでしょう。

ですから彼はTさんと接すれば接するほど、他の女性と接するときに「気が利かないなぁ……」という印象を持ってしまいます。

すると、Tさんが突出してステキな女性に見えてくるのです。

彼自身が、**いままであたりまえに受けていたTさんの気遣いについて、再度「ありがたいこと」だったと気づいていった**のです。

こうして、Tさんと彼は復縁をしました。

「もう終わった」なんて、気にしない

彼が「もう終わったことだから」と言っていたとしても、その気持ちが覆ることは十分にあります。

「もう終わった」という言葉は、あなたへの投げかけでもあり、言った本人である彼が、その言葉を口にすることで自分の気持ちを再確認しているだけなのです。

そうやって、自分の気持ちを整理しようとしているのです。

ですが、あなたとお付き合いしていたときの記憶は確実に心の中にあります。

いま、あなたは「相手の気持ちは完結していて、彼の心に自分はもういない」と落ち込んでいませんか？　そんなことはありません。

落ち込むより前に、どうすればもう一度彼が自分を好きになってくれるのかを考えたほうが早いです。

落ち込んで**暗いあなたを見せていても、彼は好きになってくれません**よね。

ぜひ、Ｔさんの例を参考に、別れの原因、彼が女性を好きになるツボを発見してください。

落ち着いて振り返ってみると、そこに復縁のヒントがたくさんあるはずです。

共通の友人を使うと復縁は簡単？

復縁の際、彼と直接コンタクトが取れればいいのですが、取れない場合は共通の友だちを介して連絡を取ってみるといいでしょう。

そう言うと、「なかなかそんな都合のいい友人なんていない」と思う方もいるでしょう。

しかし、彼との関係が希薄だったのでなければ、何らかの形で共通の知人がいるケースは多いです。

たんに「いまは連絡を取っていない」「共通の知人も彼と連絡を取っていないようだ」という理由から、**自分の中で「共通の知人はいない」と思いこんでしまっているパターン**もあります。

「共通の知人はいない」と思いこんでいませんか？

ここでは、共通の知人ができて復縁したケース、いない状況で復縁したケースをご紹介します。

「積極的になったことから復縁をたぐりよせた」Nさん（29歳）のケース。

Nさんと彼は、以前同じ職場に勤めていました。

しかし彼が転職をしてから休日が合わないことも多くなり、一緒にいる時間も急激に減っていきました。

すれちがいも増え、ある日彼から別れを告げられました。理由は「価値観の違い」、お互いを思いやれない付き合いは意味がないとのことでした。

結婚を視野に入れていたNさんは、どうしても納得できず彼に別れたくないと伝えましたが、答えはノー。

そこでNさんはしばらく連絡を絶ちました。

それは復縁したいがゆえの行動でした。

3カ月ほど経過した後、Nさんは彼に連絡をしてみました。しかし返事はありません。

ご相談をいただいた私は、まず共通の知人の方に、彼の様子を聞いてみてはどうかと提案しました。

しかしNさんは「共通の知人はいない」と言います。

私は、おかしいなと思いました。

もともと同じ職場だったのであれば、だれかしら共通の知り合いがいるものだからです。

よく聞いてみると、「彼は職場の人間で連絡を取る人はいないと言っていたので、だれに聞いても無理だろうなと思った」とのこと。

そこでもっといろいろ聞いてみると、「彼と親しくしていた男性社員がいるにはいる」との答え。「でも、その男性と私はあまり話をしないので……」とも。

たしかに、**普段あまり話をしない同僚に、いきなり彼の話題を持ち出すのは不自然**ですよね。

さらに「社内恋愛がバレると何かと面倒なので内緒にしていました。だれにも相談できません」という理由もありました。

その間にもNさんは、共通の知人には頼らず自分でなんとかしようと彼にメールを1度送っていました。

しかし返信はありませんでした。

勇気を出して一歩踏みだす

私はこれでは前に進まないと思い、やはり彼と親しかった方に聞いてみては？　というご提案をしました。

ところが前向きに検討していただけませんでした。

そこでわかったことは、**Nさんがこれまでに復縁のために行動したのは、彼にメールを送っただけ**ということ。

つまり、積極的に動く勇気がなかったのです。

私は自分のアドバイスの方向性を間違えていたことを強く感じました。

行動よりも先に、Nさんの勇気を奮い立たせなくてはならなかったのです。

ですから、Nさんに別れたときのことを振り返ってもらい、最終的には穏便に別れたこと、彼も決してNさんを嫌悪して別れたわけではないこと、また、**おふたりの交際期間は長く、６年間も続いていたのであり、いくらお付き合いが終わったといっても、彼にとってNさんはいまも特別な存在であることに変わりはない**ことなどを根気強く伝えました。

するとNさんも少しずつ自信を回復し、彼と親しい同僚に声をかけてくれました。

最初はなにげない話からはじまり、昔話をしていると、その同僚がポロッと彼の話をしました。「そういえばNさんはけっこうY君（彼）と仲良かったけど、まだ連絡取ってる？」

Nさんは正直に、「2回連絡したけど、返事がないよ。元気にしてるの？」と聞いてみました。

すると「あー！　もしかしたら新しい連絡先知らないとか？」との答え。

じつは彼はNさんと別れて少し経ったころ、携帯電話を壊してしまったそうなのです。

転職もし、新たな気持ちだったことから、番号も変更して新しい携帯にしたとのことでした。

つまり、Nさんのメールは彼に届いていなかったのです。

さらに同僚の話では、最近その彼と話をしたとき、彼はNさんは元気にしているかという質問をしていたそうです。

彼としてはNさんのことを気にしつつも、別れたけじめから、自ら連絡をすることは控えていたようでした。

Ｎさんが、「彼は自分のことをすごく嫌っていて返事もくれない」と落ち込んでいたのはまったくの誤解で、たんにメールが届いていなかっただけだったのです。

これにはＮさんも私も驚きでした。

探せば「共通の知人」が見つかることも多い

そこから、**同僚の男性に彼の連絡先を聞こうという策を立てました。**

そのためには、なるべくその同僚の男性と親しくなる必要があります。

Ｎさんはがんばってその男性と複数で遊ぶ機会をつくったりしました。

その過程でわかったのですが、じつはその同僚は、Ｎさんと親しい女性の同僚と恋人同士でした。この同僚カップルが自分たちの話をしてくれたため、Ｎさんも彼との関係を話しました。

同僚ふたりは「それなら早く言ってくれればよかったのに」と快く復縁の協力を申し出てくれました。

こうして、Ｎさんは同僚の男性に彼の連絡先を聞き、彼にメールをしてみました。

連絡先を知った経緯もきちんと書き添えました。

すると彼から返信が来たのです。

こうしてやりとりを続けながら、Nさんは最終的に彼と復縁をなさいました。

もしあなたが「共通の知人がいない」と悩んでいらっしゃるのであれば、もう一度周囲を見てください。

ちょっと勇気を出せば親しくなれる方、しばらく連絡を取っていないけれど本当は共通の知人、といった方がいらっしゃるのではないでしょうか。

Nさんの場合も、勇気を出して同僚に声をかけなければ、ずっと彼の連絡先はわからず、連絡も取れないまま、復縁までにもっと時間がかかったことでしょう。勇気を出して前に踏み出すことがよい結果をもたらすことがよくわかる一件だったと思います。

では、共通の知人がいなければ復縁はできないのかというとそうではありません。次のケースは共通の友だちもおらず、自分の力で復縁をなさった方のケースです。

SNSのつながりも有効な復縁手段になる

「共通の友だちはいない」Mさん（21歳）のケース。

Mさんと彼は、とあるSNSサイトで出会いました。

隣同士の県に住んでいて、近いとはいえないものの会えない距離ではなかったので、何度か一緒に遊んでお付き合いがはじまりました。

当然、お互いの友人などはまったく知りません。

Ｍさんは独り暮らしをしていたので、彼も何度か遊びに来ましたが、彼は実家暮らしだったので、Ｍさんは彼の自宅を知りませんでした。

順調にお付き合いを重ねていましたが、半年ほどで彼からの連絡が減ってきました。Ｍさんは「連絡くらいしようよ」と何度も彼に伝えましたが、彼はやはりマメに連絡はくれませんでした。

ついにシビレを切らして、Ｍさんは彼に「連絡をきちんとしないのなら付き合っていけない」と言いました。

彼は「そんなに連絡ばかりしなくてもいいじゃないか。忙しいときもあるんだよ。そのくらいわかってくれてるんだと思った」と怒り、ふたりは別れてしまいました。

Ｍさんは、彼を本気で怒らせたことを後悔し、何度も謝りました。

しかし彼は聞く耳を持たず。そのままラインの返信もなく、電話をしても留守電にされました。

私はご相談を受けて、まず、彼の意に反して連絡を取らないようお伝えしました。

なぜなら、**彼がもう連絡を取りたくないと行動を起こせば、彼との連絡手段が断たれる**状態にあったからです。というのも、彼が連絡先を変更したり、ラインを拒否してしまうと、Mさんにはもう連絡手段がなくなります。

彼の自宅を知っていればまた話は別ですが、それもわからないので、Mさんが彼に接触できるのは携帯とSNSだけです。

ですから、いまは必死で連絡をするよりも、様子を見たほうがいいと思いました。

反応がいい内容を探る

しばらくはMさんも反省をし、自己改革に取り組むことにしました。

彼からの連絡を要求してしまった背景には、Mさんが転職活動中で不安定な時期だったということもあったからです。

まずはご自身が落ち着いて、就職先を見つけるなど足元を固めることにしてもらいました。

2カ月ほどで、Mさんは無事に就職をなさいました。

その後、思い切って彼に、明るい内容のラインを送ってみました。

彼からは翌日返信がありました。就職おめでとうということ、がんばれよということ。

そこで**Mさんは「ありがとう」という内容といろいろな近況を書いてラインを送りました**。しかし、彼から返信はありませんでした。

その後も一定期間を置きつつラインを送ってみましたが、返信はあったりなかったり。

その間Mさんは彼が返信をくれないことに対して私に不満を漏らしていましたが、私はMさんに、彼はもともと連絡がマメではなく、そこを考えてあげることができなかったのが別れの原因だということを何度も伝えました。

そうした中でも、彼の反応のいいラインのネタを探っていきました。

前に進まない状態で3カ月くらいラインを送りつづけましたが、徐々に反応のいい内容が見えてきました。

ポイントは3つありました。

①短文で送り、彼も短文で返せるもの

②返信に期限があるもの
③ある時間帯に送ったもの

①については、**話題云々ではなく短い文章ですぐに返信できるもの**が彼にはいいようでした。返信のある話題に一貫性はなく、とにかく読みやすい短い文章で彼の返信も短くてすむようなものには返信がありました。

たとえば「ちょっと聞きたいんだけど、○○に行くにはどのくらいかかる？」のようなラインです。

彼からの返信も「混んでなければ車で30分くらい」など、短いものではありましたが、返信はきちんと返ってきました。

ここから、彼はMさんが嫌いで返信をしないわけではないということがわかりました。

②は、**返信の期限がある程度決まっている連絡**です。

たとえば「今度の日曜に結婚式があるの。会社の同僚なんだけど、二次会で何かあげようと思って。ネクタイってどこがいちばん種類豊富？」など。

これであれば、必要な時期までに返信が来ることもありました。必ず返信が来たわけではありませんが、比較的返りはよかったと思います。

③は、やはり**彼が一息つく時間帯に送るのがいい**ようでした。

毎日21時ごろに帰宅し、そこから一息つくのは22時以降のようだったので、なるべくその時間帯に送ってみました。

こうして、考えながらラインを送っていくと、徐々に返信率が上がってきました。

SNSは彼がコメントしたくなる話を書く

そこで、ラインだけではなくフェイスブックでもアピールできるように、Mさんには自分のことをいろいろ書いて投稿していただきました。

いまハマっているものや旅行の話、本好きの彼が興味を持つように本の話など。

すると、その投稿に対して彼から「いいね」がついたり、コメントがつくようになりました。

徐々に徐々に、おふたりの仲は近づいていき、ついには復縁をなさいました。

フェイスブックなどの**SNSのいちばんのメリットは、あなたが楽しく過ごしている、という様子を伝えられること**です。印象アップを図るにはとっても便利なツールです。

また、フェイスブックはラインなどのSNSと違い、1対1ではなく、1対複数ですよね。ですから、ラインほど彼には返信義務もないですし、見ても見なくてもこちらからはわからないので、気楽にあなたの投稿を見ることができます。

ただ、そのぶん、彼の動きがまったくわからないので、「いいね！」のレスポンスがないかぎり、がんばって更新するのが虚しくなってしまうこともあります。

その点は「見ているもの」と想定して、彼が喜びそうな話題だったり、あなたが楽しそうにしている様子だったりをアップしていくとよいでしょう。

たとえば、彼の趣味や好きなことに関する内容だったり、笑える記事だったり、人に話すネタになるようなニュースだったり、見ることが楽しみになるような投稿を考えましょう。

あなたに興味を持ってもらうためには、**まず、あなたの投稿に興味を持ってもらう**――そうすると、徐々に気を引くこともできると思います。

注意点としては、楽しくやっている様子を伝えようとやっきになって、リア充度をアピールしすぎることです。自分の楽しい一瞬をアップする方が多いので、もし相手が忙しかったり、仕事がうまくいかなくて落ち込んでいるようなときに、そんな投稿ばかり目にすると、イラッとさせてしまうかもしれません。彼の状況も踏まえつつ、対応できるとよいと思います。

友だちに協力をしてもらうこともできます。コメントで盛り上げてもらうとよいでしょう。たとえば「いつも明るくて元気な○○ちゃん」と印象アップの書き込みをしてもらうとか。

男性の友人なら、彼が見たときに「モテるんだな」とか「いい女扱いを受けてるんだな」と思うようなコメントをもらう方法もあります。

男性はプライドの高い生き物ですので、周囲から見てモテる女性、いい女だと認知されている女性には弱いです。

あなたがそういう扱いを受けているような印象を与えれば、勝手に彼の印象もアップしていきます。

チャンスは一度きりじゃないのであせらないこと

このように、ご自分の力で動いていくだけでも復縁は可能です。

そして、そのためにポイントとなるのは、自分の感情まかせに連絡をしてしまうのではなく、**連絡の頻度は彼の苦にならない程度にしておき、コンタクトの取れる**

状態を維持すること。

それさえ気をつけていれば、チャンスは何度でも訪れます。

復縁は難しいことではありませんし、辛いことでもありません。

大好きな相手を取り戻すために、いかにワクワクと明るく取り組めて、明るくコンタクトを取っていけるかが大切です。

共通の知人はいたほうが心強いでしょう。

また、その方が協力的であればあるほど復縁にも勇気が出ると思います。

しかし、そういう知人がいないからと悲観する必要はまったくありません。

おふたりの問題ですから、おふたりできちんと解決できるはずです。

ですから、あえて共通の知人が協力をしてくれたケース、共通の知人がまったくいなかったケースについて書かせていただきました。

あなたの味方がいてもいなくても、復縁の可能性はあります。

がんばりましょうね！

気まずい関係になっている相手との復縁方法

顔を合わせる機会がある相手

ここでは、**よく彼と会うのだけど、少し気まずい関係になっている**というケースについて書こうと思います。

ご相談者のＹさんと彼は同じ職場でした。まわりには隠して付き合っていました。別れた後も、Ｙさんと彼は毎日顔を合わせます。しかし、周囲に知られないためにも、お互いに平静を装っていました。

仕事中は普通に会話をし、冗談話もするのですが、プライベートで送ったラインには素っ気ない返信しかありません。

別れて2カ月くらいのころ、社内の飲み会の帰り道、一度彼に復縁を持ちかけて断られたという経緯もあります。

理由は、仕事も同じでプライベートも一緒では、なんとなく気が休まらないというものでした。

たしかに付き合っていたときも仕事の話で意見が衝突し、言い合いになることもよくあり、別れた原因になっていました。

お互いにある程度キャリアもありますし、後輩の指導を任されるような立場でもあります。互いの言い分に譲れないところも多々あったようです。

ですが、このことがネックになっているのですから、まずはYさんはそうした頑固な部分を改善し、彼にそれを認めてもらう必要があります。

そのことを私はYさんにアドバイスしました。

毎日顔を合わせるということは、Yさんは自分が魅力的になっていく姿を彼に見せられるということです。なので、外見を磨くとともに、周囲に対する態度も改めてもらいました。彼にだけいい顔をしても意味がありません。

同じ職場の人間との復縁の際に最もポイントとなるのは、第三者の意見です。

「最近Yさんいい感じだよね」などのいい噂が耳に入れば、彼も少なからずドキッとするものです。彼自身、なんとなく同じことを感じていればなおさらです。

ですから、彼以外の方にも明るく笑顔で、感じのいい対応を心がけてもらいました。

仕事の話題でも、仲を近づけることはできる

とはいえ、彼はお付き合いをしても同じことのくりかえしだという警戒から、一定の距離を保ったまま近づいてこようとはしませんでした。

そこで、Ｙさんには彼に相談を持ちかけてもらいました。仕事上での相談事です。そして彼の返信に対しては**「さすが！　とても参考になった」という返事を具体的に書いて送ってもらいました。**

ネックになっていた仕事のことで信頼関係を築くことができれば、今後のふたりにいい影響を与えることができると思ったからです。

実際に彼のアドバイスをもとにして問題を解決し、そのことを喜びの声とともに彼に報告してもらいました。

たった数回のことですが、このことからラインのやりとりもできるようになりました。

仕事の話題中心で、色気も何もない内容ではありますが、別れる前とは違います。

意見が衝突しないよう、なるべく彼の意見を尊重するように心がけてもらいました。

徐々にプライベートな内容でも返信が来るようになり、今度は彼に「仕事が同じだとお互いにわかりあえて都合がいい」という意識を刷り込んでいくようにしました。

たとえば、職場結婚をした上司の話題などをさりげなく出します。

「この前部長の家にお呼ばれしたんだけど、奥さんが部長の仕事をよく理解していて、話が弾んでた。さすが元社員だよね。いい感じのおしどり夫婦で……」といった内容です。

直接的に「同僚だと話が合う」と言わずとも、彼の中にはそのような意識が芽生えていきます。

実際に仕事の話をしてもYさんはじつによく彼を立ててくれます。

こうして、徐々に彼の「同僚だから」というわだかまりは消えていきました。ふたりで会う機会も増えていき、頃合いだと感じたYさんは彼に復縁を申し出ました。彼も快くOKしてくれたそうです。

まわりが知っている場合は、自分からオープンに話す

いつも顔を合わせる状況は、気まずいことも多いと思います。

Yさんの場合は、お付き合いのことを隠していたので、まわりから色眼鏡で見られるようなことはありませんでした。

しかし、周囲が知っている場合は自分もまわりも気を使うでしょうし、腫れ物に触るように接してくる人もいるので、やりづらいことも多いかと思います。

その場合は、「暗黙の了解」のようにまわりに気遣いをさせるよりは、**自分から「気にしないで」と明るく言って周囲の気持ちをラクにしてあげたほうがいいでしょう。**

しばしば彼と会える環境は、やりづらいことも多いと同時に、得なこともたくさんあります。

ぜひ、ドギマギせず、明るく笑顔で接することを心がけてください。

少しずつ彼もあなたとの距離感をつかんで、普通に話をしてくれるようになると思います。

第５章

復縁は
あなたにもできる！

「依存しすぎ」が原因で別れたあなたへ

自分の依存性の高さを知る

あなたに質問です。次の項目に、イエスかノーで答えてみてください。

- 重大な物事を決めるとき、ひとりでは決断できないことが多い
- どうにも自分の意見に自信がない
- 困ったときはだれかが助けてくれると思う
- 相手の悩みを聞くよりも自分の話をすることが多い
- デートで「何食べる？」と聞かれると返答に困る
- ひとりでいることは嫌い
- 友だちよりは恋人に癒されたいと思う
- 相手の意見に従うことが多い

●愛されていれば、ありのままを受け入れてもらえると思う

さて、あなたはいくつ「イエス」があったでしょうか？

これらの質問にイエスが多ければ多いほど、あなたの依存的な性向は強いと言えます。これまで私が担当してきた3万件以上のご相談の中でも、こういった傾向の強い方が、ご自分に対して「依存心が強い」と結論づけています。

別れの原因に、相手に依存しすぎてしまったと書かれる方はけっこう多いです。

これは女性に多いのかと思いきや、意外と男性にも多いです。

男女問わず、**依存心が強いということは別れに大きな影響を与えている**と思われます。

とはいえ、もちろん人はひとりで生きていくことは不可能です。必ずだれかに支えてもらったり、助けてもらったりする必要があります。

何もしてもらわずとも、家族や友人がいてくれるだけでありがたいと思うこともあるでしょう。

ですから、だれにも頼らず一匹狼で生きていったほうがいいなどとは言いません。

しかし、度が過ぎると「依存」と言われる状態になります。

ただ、依存の感覚は人それぞれ違いますよね。

自分では依存と思っていなくても、相手には依存と感じられてしまうかもしれません。

ですから、ここではこの「依存心」にスポットを当ててじっくり考えてみようと思います。

彼の心が離れる瞬間

まず、大好きな相手に対して心を開くのは、ごく自然なことです。

お付き合いの初期段階では、彼に信頼を寄せる意味でも、彼を頼ったり助けてもらうことは決して悪いとは思いません。

あなたが彼を信頼しているとわかれば、彼も「頼りにされてるなぁ」「好かれてるなぁ」と微笑ましく受け止めてくれることでしょう。

ところが、**徐々にそれが「うっとうしい」に変わっていきます。**

これはひとつには、愛情が薄くなってきたため、何か頼まれると面倒に感じる、もしくは頼りにされることがプレッシャーになっていく、そんな状況があるでしょう。

また、「自分と彼は他人である」という大前提が徐々に曖昧になってしまうということもあります。

いくら恋人同士でも、彼とあなたはあくまでも別の人格です。

まったく同じ思考や同じ行動をしているわけではないですよね。

しかし、**依存をしてしまう方の多くは、彼を自分の一部のように思ったり、彼は自分と同じだという錯覚をしている**ように思います。

そのため、悩みがあると同じように彼にも悩んでもらう。何かを決めるときには一緒に決めてほしい、一緒に考えてほしい。

そんな傾向になるのではないでしょうか。

それが高じると、ささいなことでも彼に丸投げして決定権を委ね、それに対して彼が意見を言っても自分とは違うことに憤慨するようになります。彼と自分は同じなのだから、説明不足の質問に対しても、彼は自分が納得する答えを言うべきだと思い込んでしまうのです。

一方、そんな状態に彼は辟易《へきえき》してきます。

聞かれるから答えるのに否定されるし、かといって、自分の意見はどうかというとはっきりとはないようだし……いったい、どうしろというんだ!? といったことを思いはじめます。

しかし、あなたは自分が彼のことを大好きだから、彼も自分のことが大好きなはず、という前提で彼のいらいらに気づかない。危機感もないまま、気がつくと彼の気持ちは離れていた。

そんな流れの方が多いようです。

彼以外の世界を持つ

よく「依存心が強いのでもっとしっかりしたい」というご意見をお聞きします。

もしあなたも同じ考えであれば、まず**「彼は他人だ」ということを改めて意識することからはじめてください。**

あなたとは別の考えを持ち、別の生活をしているということをしっかりと踏まえたうえで彼のことを考えていただきたいのです。

そう考えると、「自分が決めること」「自分が意見すべきところ」「彼に譲るべきところ」といった区別がきちんとできてくると思います。

また、このタイプの方で最も心配なのは、依存相手のシフトです。

彼と別れ、これまでのように彼に依存できなくなった。そこで相談した友だちが親身に接してくれたため、その友だちに依存してしまった。でも、彼には依存していないため、依存心は克服したと勘違いする。

これはとても危険です。

友だちに依存してなんとか復縁をしても、その後また彼に依存してしまい、同じことのくりかえしになるでしょう。

もしあなたが「自分は依存心が強い」と思うのであれば、いい機会ですから改善しておくことをお勧めします。

そのためには、３つのことが大切になります。

１つ目は、先ほども書いたように**「自分と相手は違う」ということをきちんと理解すること**。

２つ目は、**視野を広げること**。

彼一筋もいいですが、それだけでは魅力がありません。他に何か打ち込めるものや没頭できるもの、大切なものなど、彼以外の何かを持っていることも大切です。彼も、相手にとって大切なものが自分だけという状況はプレッシャーだと思うのです。

あなたがもっと、彼以外の世界を持ち、彼とふたりの時間にその世界についてキラキラと話すことができれば、より魅力的にうつるでしょう。

3つ目に大切なのは、**自分に自信を持つこと。**

自分の意見、考え方、外見、行動、そうしたすべてに自信を持って、自分の責任で考えを述べたり行動を起こしたりしてください。

何をするにしてもだれかに任せてしまえば、責任がなくて気楽でしょう。

しかしそれでは、あなたの成長がありません。

自立している方はとてもステキですよね。

もしあなたが、いまの自分を変えられるかな？　と不安であれば、**だれか明確な目標を決めてみるといいでしょう。**

身近な先輩でもいいですし、テレビの芸能人でもかまいません。

最初は真似でもいいんです。

「こんなふうにカッコよくなりたい！」と思える目標を持ち、目標に近づけるよう努力してみてください。最初は真似でも、徐々にあなたのパーソナリティーになっていきます。

依存心の強さは、直らない性質ではありません。

心がけひとつで簡単に直せるものです。ぜひがんばってくださいね！

やっぱりムリかも……と思っているあなたへ

復縁がうまく進展しない人の共通点

ご相談をいただいている中で、**簡単に復縁できそうなのに前進しないケース**としては、次のような状況になっている方が多いです。

「こうしたらいいですよ」というご提案をしても「でも、こうなったら、こんなふうによけいに悪くなる……」と悪い方向へ考えてしまう。こちらも負けじと「ではそのときはこうすればよいので、まずやってみましょう」と再度提案しますが、やはり「でも……」と思ってしまう。

いつも最悪な結果を考えてしまうのでは困りものです。

復縁をするなら、できれば**「こうするために、こう動く」**という前向きな発想で考えていただきたいと思うのです。

あなたは復縁までの道のりを、どんなふうに想像していますか？

「あまり期待して裏切られると辛いから、はじめから期待しないでおこう」と考えていませんか？

それはおそらく、一度振られて傷ついたため二度と傷つきたくないという心のバリアだと思います。

たしかに、相手に裏切られることは辛いですよね。

最初から何も期待しなければ、傷つくこともないでしょう。

しかし、心の中では復縁できるかも、復縁したいな、と期待しているものです。

そうであれば、その気持ちを大切にして前向きに動くことも大切ですよね。

「どうせできないかもしれないけど、とりあえずやってみよう」よりも**「できるかもしれない！　できるだけのことはやってみよう」**のほうが行動に移しやすいと思います。

前向きに信じて、具体的な行動を起こす

あなたがもし、別れた彼と長い期間お付き合いをしていたのであれば、「疑うことよりも、信じることのほうが大変だ」とわかっていませんか？

多くの方は彼を疑い、責め、嫌われた、という流れになっています。

「あのときもっと彼の言葉を信じて待ってあげていれば……」「あのとき疑って携帯なんて見なければ……」などなど、彼を疑ったがために訪れた別れを経験した方もいらっしゃるでしょう。

裏切られたくないと思うからこそ用心して疑いをかけるわけですが、そんなことをしても彼を追い詰めるだけだと、身をもって知ったのではないでしょうか。

そのときのあなたから脱皮してほしいのです。

とはいえ、何も裏づけがないのに「復縁を信じましょう」と言ったところで、とうていそんな気にはなれないですよね。

ですから、ぜひ何か前向きに動き出してください。

いきなり会いに行って「やり直そう！」なんて言う必要はないのですが、せめて自分がこうしたいと思ったことくらいは、信じて前向きにやってみてはいかがでしょうか。

ご相談をいただきながらいつも感じているのですが、**ほんの少しの相談メールの文面を見るだけでも、その方の復縁の今後がハッキリとわかります。**

彼からの返信内容は同じようなものでも、不思議なことに、喜ぶ方もいれば落ち込む方もいるのです。

「返事が来た！」と思う方、「返事は来たけど……」と落ち込む方。

となると、もうこれは捉え方の問題ですよね。

明るいメールをくださる方は、「いいことがあった！　この流れできっと復縁できそうです！」と意気込んでいます。

落ち込んだメールをくださる方は「なんとかがんばります」という若干テンションの低い結論になっています。

同じような状況でも、捉え方次第でこんなにも雰囲気が変わってくるのです。

考え方が変われば、自分がキラキラしてくる

両者に接した際に、どちらがよりキラキラしていて魅力的に見えるかは明らかだと思います。

裏切られると思いながら期待するくらいなら、最初から期待しないほうがいいでしょう。でも、期待したいのであれば、裏切られることを考えずに楽しい想像をしたほうが、期待が実現する可能性は高まります。

以前、ご相談者の方から、

「振られてもうどん底だから、後は上がるだけですね！」

という言葉をいただきました。

まったく、その通り！　と思いました。

後は上昇するだけです。

実際その方は復縁をされました。

最悪のシミュレーションをすれば、現実もその方向に行ってしまいます。

ですから、**悪い方向に行った場合を想定するのであれば、そこからどうやって好転させるのかという部分までしっかりとシミュレーションしてください。**最終的にはいい結果に至るようにシミュレーションするのです。

ただたんに傷つくことが怖くて後ろ向きになるのはよくありません。

厳しい意見かもしれませんが、前向きに考えられる心の強さを持つことは、今後復縁してお付き合いをしていくうえでも絶対に大切なことです。

後ろ向きな考え方は、いまのうちに克服することをお勧めします。

わざわざこうして本書を読んでくださっている方には、ひとりでも多く復縁をしてほしいと心から願っています。そのエールと思って聞いてください。
復縁に、最悪のシミュレーションは必要ありません。
できれば最高のゴールを想像して、前向きに進んでくださいね！

彼に「魅力的になった」と思ってもらうために

「自分らしさ」を固定して考えない

あなたは復縁のために自分磨きをがんばっていますか？

多くの方は、より魅力的になろうとダイエットをしたり、読書をしたり習いごとをはじめたりと、いろいろがんばっていらっしゃるようです。

これは、とてもステキなことだと思います。

ただ、ときどき疲れてしまうことはないでしょうか？

というのも以前、こんなご意見をいただいたことがあるのです。

「復縁のために自己改革に取り組んでいます。好きになってもらうために、彼に同調したりいたわったり。でも、**がんばればがんばるほど、本当の自分じゃなくなっていく気がします。**本当の私はこんなじゃないのに……と苦しくなるんです」

なるほど。たしかに「相手に同調しましょう」という話をすると、「自分を押し殺して相手の意見にばかり従っていては、自分らしさがなくなってしまう」と感じる方がいらっしゃるようです。あなたもそうかもしれません。

では、そんな方に質問です。

「あなたらしさ」とは何でしょうか？

相手を無視して、自分の意見を主張することでしょうか。

相手が疲れていても、自分の楽しさを優先させることでしょうか。

私は自分で自分らしさというものを固定して考えないようにしています。

というのも、どんな自分にも変わることができると思っているからです。

ときには少し変わった恋人、ときには厳しいアドバイザー、ときには面白い友だち……。いろんな自分がいていいと思います。

人の可能性とは、はかりしれないものです。

ですが、あなたが「これが自分らしさだ」と自分を固定してしまうと、そこからあなたに変化が訪れることはないでしょう。

そもそも周囲が感じているあなたのよさと、あなたが大切にしている「自分らしさ」とは、まったく違うということも少なくありません。

いろんな自分にチャレンジする

つまりは、人はそんなに単純なものではないのです。ひとつの人間性に凝り固まる必要はありません。

もう一度言います。

いろんなあなたがいていいのです。

むしろ私は、**いろんなあなたにチャレンジしてほしい**のです。

これがたとえば勉強だったとして、成績が悪かったなら、どうでしょう？「これが自分だ！」と開き直る方はいないでしょう。次はいい成績が取れるよう努力をすると思うのです。仕事でも業績が悪かったなら、改善できるよう努力をするでしょう。

勉強とは違って、恋愛は相手のあることです。

ですから、改善の努力をする際には、相手との関係を考えて、いろんな自分の魅力を見せていくことが必要になります。**その過程で、あなたらしさも成長させることができる**と思うのです。

もし、彼に合わせる努力をして疲れたのであれば、それはたんに慣れていないからです。

慣れてくれれば、そのあなたも新たな魅力として「自分らしさ」に追加されていきます。

これまでの「自分らしさ」にこだわる前に、もっとステキになれる自分を考えてみてください。

きっと、あなたはまだまだ魅力的になれると思います。

それが復縁につながっていくことでしょう。

自分で自分のキャパシティを決めてしまわず、「もっとステキになれる」と前向きに考えながら自己改革に取り組んでいただければと思います。

2つのことができれば、復縁は成功する

人が恋愛感情に気づくのには共通の法則がある

人が人を好きになる、好きだと気づく。

この感情を抱くには、法則があると思います。

シチュエーションや事の経緯は人によってさまざまだとは思いますが、**好きになるまでの心の動きはだれしも同じ**だと思うのです。

以前、面白い映画を見ました。

あらすじは、男女の親友がいて、お互いにずっと相手への恋愛感情は持っていないと思っていた。しかし、彼女が結婚すると聞いて、男性は彼女のことを愛していたと気づく。彼女も結婚相手との生活環境に戸惑う中で、男性からの好意を感じ、気持ちが揺れていく。最終的には、そのふたりが結ばれる……。

端的に書いてしまうと、そのような内容でした。

一見、ごく平凡な恋愛映画に見えるかもしれませんが、こうした王道のストーリーにこそ、人の感情の機微や恋愛の極意が詰まっているものです。

いつでも感動的なラブストーリーの展開は似ています。

それでも人は毎回同じように共感し、同じように感動します。

それは、**人が人を好きになる法則が普遍的なもの**だからだと思います。

ポイントは、「喪失感」と「好意を伝えるタイミング」です。

復縁も然り。

あなたの彼は自分では、「別れたのだからもう恋愛感情はない」と思っているかもしれません。しかし、タイミングや気持ちの動かし方次第では、彼にもう一度「じつはあなたのことがいちばん大切だった」と思わせることもできると思います。

ここで注意していただきたいのは、いま、彼がまったくあなたに関心がなく、むしろ嫌悪感を抱いているという場合。

この状況で、恋をしてもらおうと画策しても難しいですよね。

まずは嫌悪感をなくしてもらう、そして関心を持ってもらうという段階が必要になります。

しかし、思いっきり嫌われているということは、振り子が大きくマイナスに振れている状態です。

状況次第では、反動で思いっきりプラスに振れる可能性もあると思います。

ですから、彼に嫌われてしまっているからと、毎日泣いて暮らすようなことはしないでください。

まずは、嫌われた状況をどうやって改善していくのか考えましょう。

安心してください。一度は大好きだった相手です。

どんなにけんかをしても「二度と会いたくない」と言っても、本当に大嫌いになることは難しいと思います。

喪失感を演出し、必要なタイミングで好意を伝える

多くの方は、きっと彼の気持ちを誤解しているでしょう。

「私はもう嫌われている」

「きっと話もしたくないし、返信もしたくないんだ」

それは、誤解だと思います。

そこまで彼は思っていないはずです。

返信しない原因は、時間がない、しないほうがいいと思っている、などの理由である場合が多いです。

あなたへの愛情は必ずどこかに残っています。

その愛情をいかに彼に実感させられるか。

それが復縁の成否を左右します。

そして、愛情を実感させるためには、先の王道ラブストーリーのような展開はヒントになると思います。

先にも書いた通り、そうした映画でも共通の恋愛法則は、「喪失感」が生まれ、必要なタイミングで好意が伝わることです。

これは第2章でもお伝えしましたね。

答えはシンプルです。

復縁を難しく感じるのは、あなたが難しく考えているからだと思います。

不安に負けてしまって彼が嫌がることをしたり、自分中心に考えてタブーな行動をしてしまったり。

そんな遠回りをせず、まずはシンプルに、彼が「復縁したい！」と自分から思ってしまうような流れに乗せていきましょう。

その流れに乗せるまでの障害は、あなたが冷静に対処すればクリアできるものばかりです。

復縁は難しくありません。

あなたが彼を想う気持ちは、真っ直ぐであればあるほど届くと思います。

あなたの復縁も、最後はきっとハッピーエンドになるでしょう。

振り出しにもどってしまったら？

スピードダウンしてもあせりは禁物

ダイエットでも仕事でも、スムーズに進むときもあれば停滞するときもあります。復縁の事例でも、がんばって徐々に彼との距離が縮まってきたのに、そこから「なかなか距離が縮まらない……」などと悩む方は多いです。

もしかして、あなたも徐々にいい雰囲気になってきて、なんとなくうまくいってはいるものの、なかなか距離が縮まらないと感じてはいませんか？

そんなときは、**「目的地に近づくスピードがゆるやかになっただけ」**と考えてほしいのです。

たとえば、羽田空港などにあるオートウォーク（動く歩道）を想像してみてください。あなたも利用したことがあると思いますが、あの上を歩いていると、スイスイ前に進みますよね。

しかし、一歩降りると、速度が急に遅くなります。

自分の足で歩いているにもかかわらず「なんて遅いんだ!」と少しイラッとしますよね。これまで速かった分だけ変な感覚がして、一瞬、ふらっとすることもあるかと思います。

でもこれは、単純にスピードダウンしただけですよね。

同じように、復縁も、タイミングや周囲の協力などによってはグーンと前に進むこともあるでしょう。

しかし、そのようなあなたを後押ししてくれるものがなくなり、あなたがいよいよ自分の足で一歩ずつ歩いていこうとすると、

「進まなくなった」

「距離が縮まらなくなった」

「なんだか停滞気味だ……」

という気分になるのだと思います。

ただ、**あなたはきちんと前に進んでいる**のです。

たんにスピードが遅くなっただけ。

オートウォークは目的地までずっと続いているわけではありませんよね。

途中、自分で歩いたり、またオートウォークに乗れたり。

でも、自分で歩くのに疲れたからと、そこで歩みを止めてしまったら次のオートウォークには乗れません。

次のオートウォークまで、しっかりと自分の足で歩く必要があるのです。

復縁も同じです。

進みが遅くても自分の足で歩きつづけて、次のオートウォークまでがんばってみてください。

また面白いほどグーンと彼との距離が縮まるときが来ると思いますよ！

振られたら、「気にしていない」と示すこと

停滞より辛いのが、これまで積み重ねてきたものがささいなミスから振り出しにもどってしまうことです。

復縁にかぎらず、たとえば仕事でも、コツコツと計画してきた企画が、先方の断りで振り出しにもどってしまうとか、なにごとにも白紙にもどってしまう瞬間はあ

るものです。

復縁も、スムーズにゴールする方もいれば、うまくいかずに何度も白紙にもどってしまう方もいます。

そんなときに、いちばん思ってほしいことがあります。

それは、**「努力は白紙にならない」**ということ。

あなたがこれまで相手のためにがんばってきた経験は、決して白紙にはなりません。

彼の反応を見ながら話を進めていくという姿勢も身についているでしょうし、彼の立場で考えようとする癖もきちんと残っています。

ですから、**最初に「復縁をしよう」と動き出したときとくらべると、遥かにレベルアップしている状態から、あなたは再スタートすることができます。**

もしいま、せっかく彼との距離を縮めたのに、また距離ができてしまったと感じているのであれば、どうか覚えておいてください。

それはまったくの白紙ではありません。

これから先は、前よりもっとスムーズに復縁は進むと思います。

では、振り出しにもどってしまった場合、具体的にどうすればよいのでしょうか？　順を追ってご説明します。

1・まずは冷静になりましょう

いちばんよくないのは、あの関係を取り戻すぞ！　と意気込んであせって行動してしまうことです。一度落ち着いてみることをお勧めします。ゆっくり、どこが分岐点だったのか、何をどうすればよかったのか、分析をしてみてください。

2・これまでよりも少し遠いところから接触してみましょう

これまで3日に1度連絡を取り合っていたのであれば、間隔を倍くらいにしてみましょう。彼が離れた原因は急激に近づきすぎたということも考えられます。

3・気にしていないと示しましょう

おそらく彼もあなたに期待させてしまったことを反省しているはずです。そこで

あなたがドップリ落ち込んで連絡をすると、よけいに彼は申し訳なく感じてしまい、

連絡を取りにくくなってしまいます。「わかった！　じゃ、友だちで（笑）」と笑顔で言えば、彼も「わかってくれたんだな」と安心して連絡にも応じてくれるでしょう。

努力は無駄にならないという心構えをもって、これらのことを守ってください。

大丈夫ですよ、あなたの経験はちゃんとあなたに残っています。

これまでよりも、簡単に彼との距離を近づけることができると思います。

停滞も振り出しも、怖くありません。

どうか自信を持ってくださいね！

おわりに——楽しんで復縁しよう！

本書はＳＮＳ対応版として、新たにラインなどのＳＮＳを意識した内容を盛り込みました。メールとはまた違い、ラインならではの注意点もあったかと思います。

ただ、いつでも思っておいていただきたいのは、そうしたメールやラインのテクニックも大切ですが、それよりもあなた自身の気持ちがいちばん大切、ということ。

そこであなたにお聞きしたいのですが、本書を読んでくださったあなたは、前向きな気持ちになれましたか？

これから彼とやり直すことが楽しみになりましたか？

私がいちばん願っているのは、本書を読んだあなたが復縁に対して前向きになり、「よし、やってみよう！」と思ってくださることです。

その願いだけで書きました。

ですから、それがいま、いちばん気になっているのです。

あなたは復縁が楽しみになりましたか？

彼から連絡が来ないことや冷たくされていることから、辛い気持ちでいっぱいになっているとすれば、とても悲しいことだと思います。

そんな方は少し考えてみてください。

あなたは復縁を望んで、それを叶えるためにいまがんばっているのですよね。

自分の行きたい方向へ向かえる自由があり、自ら望んで努力をしているのです。

「望みを叶えるため」に動いているのですから、本来であればもっと生き生きと楽しんでいいと思うのです。

復縁は義務ではありません。

あなたはいますぐこの状況から降りることだってできるのです。

しかし、あなたは自分の意思で復縁を希望していますよね。

それならばクヨクヨと考え込むのではなく、もっと楽しみましょう！

たとえば彼から返信が来ない。

そんなときに「あぁ、また返事が来なかった……」と落ち込むのではなく、「この話題はムリかー！　じゃ、次は何にしようかな」と前向きに考えてみてください。

彼からパッタリ連絡がなくなったときも「何が悪かったんだろう……」と思い詰めてしまうのではなく、「あー、いまはタイミングが悪いな。また来週にしよう」などと気楽にかまえてください。

あれもダメ、これもダメ、と考えていても次の手は浮かびません。

あれがダメならこっちをやってみよう！　こっちがダメならそっちをやってみよう！　と、どんどん前に進んでほしいのです。

そして彼の反応を楽しんでみてください。

「本当に好きだから、そんな気楽な気持ちにはなれません」

と思う方もいるでしょう。

でも、その時点でもう「あれもダメ」の発想になっていますよ。

本当に好きであればこそ、彼のことで苦しんでほしくないのです。

好きな相手であれば、もっとワクワクと連絡を取ってください。

あなたが自分の望みを本当に叶えたいのであれば、ためらっているヒマはないはずです。

落ち込んで前に進めないというのは、時間がもったいないです。

復縁の可能性はだれにでも残されていますし、その可能性を実現しようと動く方は復縁できます。

これは、私が数え切れないほどの復縁のご報告からいつも感じることです。

復縁を実現される方は、実現しようと行動します。

言い訳をしていても、前には進まないのです。

あなたが前向きに行動したなら、きっと彼の心を動かすことはできると思います。

なぜなら、あなたには愛された実績もありますし、どんなにけんかして別れたとしても、**一度好きになった相手を本当に大嫌いにはなれない**ものだからです。

チャンスを活かすのか、チャンスに気づけないまま辛い思いを抱えていくのか。

あなたにいちばんお伝えしたいのはここです。

あなたにも復縁の可能性はあるのです。

迷ったり悩んだりするくらいなら、エイッと踏み出してみてはいかがでしょうか。

そして、自分は辛いという気持ちに縛られるのではなく、希望を叶えるぞ！　と楽しんで行動してください。

大丈夫です。あなたにもできます。
もう一度彼に愛されたい、あの笑顔が見たい。
彼に触れたい、そばにいてくれるだけでいい。
そう思うのであれば動きましょう。ぜひ楽しんで復縁を叶えてくださいね！

二〇一六年十月
復縁アドバイザー　浅海

著者略歴―――
復縁アドバイザー 浅海 あさみ
広島県生まれ。大学卒業後、大手企業の営業を７年間行い、支社トップ、全国でもトップ10に入る。営業で学んだ人付き合いの極意を恋愛に生かしたいと考え、退社後、復縁アドバイザーとして活動を始める。2006年より始めた復縁相談は累計３万件を超え、続々と復縁報告が寄せられている。毎週発行しているメールマガジンは読者数２万人を超える人気で、有料相談希望者もつねに順番待ちの状態。復縁に特化した情報提供者としては日本一と思われる。厳しいながらも親身なアドバイスが、多くの相談者の信頼を得ている。著書に『彼ともう一度、恋人になる方法』(二見書房)、『壊れそうな彼との関係を修復する方法』(大和書房)、『「好き」と言わずに「好き」と言ってもらえる本』(大和出版)、『別れた彼が必ずふりむく魔法のことば』(宝島社)がある。

復縁アドバイザー浅海公式サイト http://hukkatuai.jp/
復縁サポート会員サイト http://www.hukuensupport.com/
浅海公式コンテンツ復縁活動.com http://復縁活動.com/

編集協力 麻生泰子

元カレと復縁できる方法
SNS対応版

2016年11月22日 第1刷発行

著者 浅海
装幀者 長坂勇司
装画 ワタナベチヒロ
発行者 藤田 博
発行所 株式会社 草思社
〒160-0022 東京都新宿区新宿5-3-15
電話 営業 03(4580)7676 編集 03(4580)7680
振替 00170-9-23552

印刷所
製本所 中央精版印刷株式会社

ISBN978-4-7942-2239-8 Printed in Japan 検印省略